高次元が導くアセンションへの道

真の癒しへ向かう氣功療法

真和氣功センター
杉本眞《ま》人《ひと》
小塚厚子【監修】
世古雄紀【編】

たま出版

◆はじめに

世古雄紀（編者）

本書は、私が発行・管理しているメールマガジンの内容を、大幅に編集しなおしてまとめたものです。メールマガジンでは表現し切れなかった図や追加情報もふんだんに盛り込み、真和氣功センターが提供してくださる宇宙の原理・原則を、さらに分かりやすくまとめました。

本書が世に出ることになったのは、次のような経緯からです。

二〇〇四年十一月、真和氣功センターの小塚厚子先生を通して宇迦之御魂命《ウガノミタマノミコト》からメッセージを頂きました。「真和氣功センターのことを冊子にして伝えなさい」と。

その後、真和氣功センターの杉本眞人先生、小塚厚子先生をはじめ、多くのサポートをいただきながら、二〇〇五年一月、ホームページ『真和氣功で得る事学ぶ事』より、真和氣功センターを通じて得た情報や学びを中心に内容を構成したメールマガジンの発行を始めました。ある程度発行した時点で冊子にするようにとのメッセージも頂いておりましたので、発行開始から一年後、二〇〇五年度分を冊子としてまとめる作業に入り、それが導かれるように本書として出版されることとなったのです。

物質社会から精神社会へと急速に変貌を遂げつつある今、私たち人間は未来に向けてどうあるべきか、またどう進めばよいのか、その「道標」となることを目的として提供し続けてきたメールマガジンが書籍として出版されることに、この上ない喜びと感謝の気持ちを感じております。杉本先生、小塚先生からのメッセージが詰まった本書が、読者の皆様の心に響きますことを心から願っております。

真和氣功センター　杉本眞人
小塚厚子

次のように感じていらっしゃる方々には、ぜひ本書をお奨めします。

・近ごろは時間が経つのが早い
・殺伐とした世相になってきた
・なぜ国家、宗教は対立を繰り返すのか
・病むとは
・生まれてきた目的とは
・真の幸せとは
・魂を充実させるには
・これからの未来とは、等々

こうした疑問は、人としてよりよく生きようと願う心からの叫びに違いありません。ところが現実は、誰一人として明解に答えてくれる人もいませんし、真剣に考えている余裕も与えられないほど人間性が蝕《むしば》まれている世相になってしまいました。

その背景には「モノ・お金・欲」を追求していくことが幸せで価値あることだという考えが根強くあります。もちろん、そうではないという考えの方もいらっしゃるでしょうが、まだまだ極めて少数派でしかありません。さらに、この少数派の人たちの中で積極的に世間に対して働きかけ続ける人がどれほどいるでしょうか。

正しいことが言えなかったり、正しい価値を追求できない、正しいことが伝わらないという悔しさを味わったことは誰でも一度や二度どころではないはずです。しかし、どのような文化的背景であっても、歴史的に変遷してきた価値観であろうとも、私たちは宇宙の法則から逃れることはできません。人間の心や価値観がどれだけ変わろうとも、永久不変の法則が宇宙には存在します。したがって、全てのものが唯一価値あるものに向かって進化することが宇宙の法則として存在します。この宇宙的法則はあらゆる人の魂に刻み込まれていますが、顕在意識上ではなかなか思い出すことすらかなわないのです。

永久不変の宇宙的法則と、目を転じて皆さんの現実の生活とを照らし合わせてください。両者のズレが大きければ大きいほど、いろいろな意味で病んだ状態が深刻であると言えます。

本書が、そのズレに気付き、軌道修正を行う一助になれば幸いです。一回読まれただけでも得られるものは大きいと思いますが、なにぶん高度な内容ですから、何度も読まれることをお奨めします。

目次　高次元が導くアセンションへの道～真の癒しへ向かう氣功療法

第二章　アセンションへの道標——69

第三章　高次元からのメッセージ　145

第四章　浄化と施療　205

第一章　アセンションによる未来像

水瓶座の波動

波動とは目に見えない波・振動であり、伝わるもので、さまざまな性質を持っています。氣や意識、あらゆるエネルギーは波動です。私たちの肉体を形作っている細胞も、分子レベル、原子レベル、さらに細かな陽子、中性子、電子レベルでも振動しており、波動の塊といっても言い過ぎではありません。波・振動である波動はお互いに影響を及ぼし合います。よって、良い氣は病を正し、意識や思いは相手に伝わり影響を与えるのです。強烈な個性を持った人の雰囲気が場の雰囲気をガラッと変えるのもそのためです。また、志を等しくする人が集まり強く念じれば、良くも悪くも大きな威力を発揮します。

私たちが住む世の中（地球）を満たしている波動にも、それぞれの時代によって特徴があり、物質文明を発展させてきた魚座の波動に変わり、二〇〇〇年からは水瓶座の波動による影響が大きくなってきています。当然、世の中は水瓶座の波動の影響を受け、その性質に沿った状態に変化していきます。この水瓶座の波動の性質に沿った社会が精神社会であり、その状態になるには、私たち人間が、物質社会で培われた物欲に支配された低い意識を改め、本来の価値観に目覚めていかなければなりません。

今回の波動の変化に伴い、地球自身も次の段階（次元）へとステップアップを試みています。これがアセンションという宇宙規模の大変化です。そのため、地球も地球自身のゆがみ（物質社会の中で自然と調和が取れなくなってしまった人間たちが地球に負わせてしまったゆがみ）を天災などの形で浄化し、地球自身を正しています。ここ数年、さまざまな異常気象や地震、台風などが頻発しているのはこのためです。

今現在の地球は三次元界（今の私たちが住む世界）にありますが、アセンション後の地球は四次元界に移行します。四次元界の地球に存在できるのは、四次元の意識（感情・欲望など）をクリアした人のみとなります。四次元の意識を克服できずにいる人たちは、四次元界には存在できないどころか、地球の進化を妨げる存在となってしまいますから、私たちが精神社会にふさわしい人間になることは、地球の進化を後押しすることでもあり、宇宙の大きな流れに沿ったことでもあるのです。

逆に、宇宙の流れに沿わせない（精神社会への変化を拒む）、つまり物質的な価値観や欲望などにしがみついたまま、それらを放棄しない人間は、宇宙の中に存在する以上、病気などの形でさまざまなゆがみが表面化してきます。

四次元界は、高次元の存在から見ればまだまだ低い世界ですが、世の中の現状を見ても明らかな通り、その域に到達することすら、今の人間にとってはとてつもなく大変なことなのです。さりとて、人間が今の意識状態のままでは地球はどんどん蝕まれ、止まらぬ波動の変化により、よりどころであるはずの物質的な価値観は崩壊し、心は荒み、私たちは地獄のような生活を強いられることになるかもしれません。少しでも多くの人がこのことの重要性に気付き、宇宙の変化に沿わせて意識を高めることを選択してくれることを心から望みます。

★精神社会への移行

◎二〇〇〇年に入り魚座の波動が水瓶座の波動に変わりました。
特徴…全てのものが、そのものの本質に沿って生きる時代。

水瓶座の波動は、宇宙に存在するもの全てが個性を活かしながら、共存・共栄して調和をとっていくという、精神社会にふさわしい内容です。

◎二〇〇一年・精神時代に入りました。

全てのものが本質（天命）に沿って生きる時代に入りました。本質に沿って行動することによって周りにプラスの波動を与えます。

＊私たちの本質は天命に沿って生きるということ。
天命とは…魂がこの世に降りて来た目的。

★水瓶座の波動とは

水瓶座からの波動を指しているわけではありません。春分の日（三月二十一日ごろ）の日の出（東）を見たときに、どの星座が位置しているかということに関係し、現在は水瓶座が位置しているので、それを象徴して「水瓶座の時代」といいます。さらに、「水瓶座の時代」の波動の状態を「水瓶座の波動」と呼んでいます。

※春分の日と星座の関係は、宇宙における太陽の座標を決定する日。

※星々の位置関係などによって波動の状態が変わる。

二〇〇〇年になって一気に波動が変化したわけではなく、星座の位置（宇宙における太陽の座標）は徐々に変化していくので、まだ魚座の波動の影響は残っていますが、次第に弱くなっていきます。

宇宙の大変化

私たちを取り巻く社会は、物質社会から精神社会へと劇的に変化しようとしています。一足先に高次元では、実際に大きな変化が起こっています。いずれこの高次元での変化が、低い次元である私たちが住む三次元界に投影されます。これは宇宙の法則であり、避けることはできません。では、実際に高次元（宇宙）ではどのような変化が起こっているのでしょうか。

★宇宙の大変革（二〇〇〇年十月〜）

長い間封印されていた出雲族の正統な神々（百七十五名）が、杉本眞人先生と小塚厚子先生の働きにより、約一年八カ月かけて封印が解かれて表に出て、二〇〇〇年十月より働き始めました。その中でも天火明命《アメノホアカリノミコト》の働きが目覚ましいです。今までは天照大神《アマテラスオオミカミ》が日本の象徴でしたが、二〇〇〇年十月以降は陰（天照大神）と陽（天火明命）の関係でバランスを取りながら働きます。これによって日本の経済・医療・教育・政治も変わっていきます。

今までの考え方・やり方では駄目になります。そのためにも私たちは霊格（意識の段階）を高くする意識改革を行っていく必要があります。これがどこでもいわれている宇宙の大変化の始まりです。二十一世紀の精神社会です。

二〇〇〇年十月から波動が大きく変わってきました（波動の変化は二〇一二年十二月二十一日まで続き、二〇二〇年に安定する）。今までに思いもよらなかったことが身近なところから起き始めます。それは、新しく創造するための破壊です。天災が頻繁に起き始めます。私たちの中には、今までにない現象を目の当たりにして強いショックを受け、精神的に不安定になる人も多く出てきます。また、私たちは前世のカルマが強く浮き出てきて、そのことによる周りの人々の変化に驚かされます。

地球は今までにないぐらいの星々の影響を強く受けるようになってきます。星々の影響とは、ニビル・白鳥座・獅子座・オリオン座・プレアデス（牡牛座）・リラ星（ヒューマノイドの原型が最初に生まれた星）・シリウス（大犬座）・射手座（サジタリウス）・大熊座などによる影響であり、このような現象に振り回されない強靭な精神力と不動心と正しい判断力が必要とされます。

★私たちにとっての星々の影響とは

宇宙は地水火風の四大構成要素から成り立っています。

＊四大構成要素に関する星々の影響

・地の影響＝プレアデス（地震として現れます）
・水の影響＝オリオン座・射手座（水の構成要素を多く含んでいます）
・火の影響＝ニビル（火山活動に影響を与えます）
・風の影響＝白鳥座・獅子座（台風として現れます）

リラ星は今回の宇宙の大変革の指導的立場にありますので、社会情勢に影響を与えます。光の世界への導きとしての協力星は、シリウス・プレアデス・大熊座です。私たちは天変地異が起きなければよいのにと思いますが…。

しかし、これら（星々の影響）は地球のカルマと私たちのカルマを解消するためでもあります。まず光の世界に引き上げる条件として、個人のカルマや星々のカルマを解消することが先決です。

今回、宇宙に存在する全ての星々が意識レベルを上げたいと願うのではなく、私たちの住む地球が一番願っています。天変地異が起きると、人間にとっては一見マイナスのように見えますが、これは地球にたまっているカルマをこうした形で解消しているのです。地球と星々のカルマを解消するために、お互いに惑星同士が協力しているのです。

今までの宇宙全体の波動（魚座の波動）は非常に弱く、個人の競争意識を基に繁栄した物質社会でした。これからの宇宙は、より強い波動になり、各自の本質に沿って築いていく精神社会に移行します。正しい波動を出すには、まずカルマを解消することが先決です。肉体のカルマはＤＮＡに刻み込まれていて、さらに前世のカルマが魂の器であるコーザル体に刻み込まれています。杉本先生・小塚先生の氣功施療は、肉体と精神と前世のカルマを正すことに意味があります。

★太陽系の星々が地球に与える影響とそれぞれの働き

・月　⇓潮の干満。人が生まれる・死ぬ。
・太陽⇓私たちに一番必要な活力小球（プラーナ）を送っている。一日のサイクルを決定している。
※プラーナ…エーテル体から栄養として体内に取り込まれる。
・水星⇓植物に対して強い影響を与えている。
・金星⇓鉱物に対して強い影響を与えている。
・火星⇓あらゆるものの強いマイナスを浄化している。（ただし、物質的な次元のものに限る）
・木星⇓強い影響はないが、太陽系の一つとして静かに波動を送っている。地球よりも意識レベルが少し高い。

・土星⇓太陽系の中程に位置し、本来、自分たちの持っている霊的能力を強く発揮できるように影響を与えている。
・天王星⇓太陽系の星々を統括する働きをしているので、全体的なバランスを司っている。
・海王星⇓海の生物に対して強い影響を与えている。
・冥王星⇓地球人の魂の再生場所で、傷ついた魂や太陽系惑星以外から飛来した魂が、新しく再生されて地球に来る。魂の通過地点。
※傷ついた魂…原子核の集合体の軌道がゆがんだ状態。
・ニビル⇓人間の器、存在に影響している。
※ニビル…三千六百年周期で太陽系を縦に回っている。数万年前、地球に接近したときに、金を掘るための労働力として人間を創ったといわれている（プレアデス・シリウスが遺伝子を提供し、操作した）。

魂について

私たちの本質は、外見や肉体などの三次元界に存在するものではなく、高次元のエネルギーであり、神との共通項である「魂」です。日常でも「魂」という言葉はよく聞かれますが、では、実際に魂とはどういうものなのか、その本当の意味をご存知の方はほとんどいらっしゃらないのではないでしょうか。

ここでは、愛と調和のエネルギーである魂について解説します。さらに、精神社会を迎えるにあたって、自分や相手の魂とどのように向き合えばよいのか、また、どのように魂を磨き、充実させていけばよいのか、そしてその意味は？……というところまで掘り下げてみたいと思います。この魂同士のつながりが、精神社会における人と人とのつながりなのです。

★魂について

私たちが宇宙に存在する真の意味は、自分たちの苦手な性格を克服しながら、魂の原子核の集合体を増やし、神に近づくことです。（12個→18個→24個を目指す）

［魂の原子核の集合体（魂の構成要素）］

魂の全体像はほぼ球形です。分かりやすく、魂をみかんに例えていうと、みかんを水平方向から輪切りにし、断面に見えるみかんの実の数が、魂に詰まっている原子核の集合体の数になります。この数が増えることにより、エネルギーの量・密度が増大します。

・通常の人間の魂の原子核の集合体の数＝十二個

・動物の魂の原子核の集合体の数＝八個

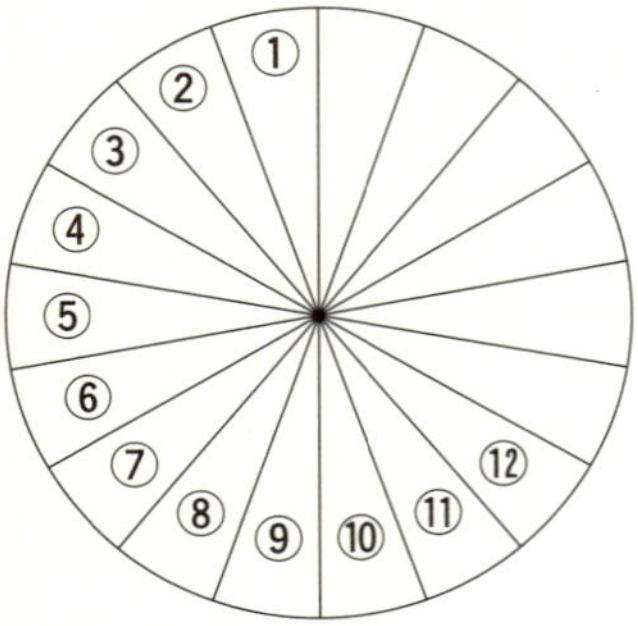

・植物・鉱物の魂の原子核の集合体の数＝六個

人間は、魂の原子核の集合体が十三～十四個になるために、通常四千～五千回の転生が必要です。

［人霊とは］

魂の原子核の集合体が十二個の存在（人間）、または動物から進化した存在。魂の原子核の集合体が十八個以上になって神の仲間入りをした存在もいます。

［神霊とは］

もともと、魂の原子核の集合体が二十四個以上ある存在（神）であり、魂の構成要素が人霊から進化した神とは全く違った成り立ちです。したがって、能力も断然優れています。

杉本先生・小塚先生は宇宙の進化の法則に沿った神霊で、使命を遂行するために下生されています。魂の原子核の集合体はもともと二十四個でしたが、二〇〇五年二月二十四日現在では四十二個になるまで充実されており、その構成要素の中にゆがみ・ひずみが全くありません。

［宗教では魂が充実されない理由］

宗教のような信仰は、神に依存し、神さえ信じていれば何でも願いがかなうという他力本願ですが、今は自ら一人ひとりが変わって努力して、神に近づくようにしなければならない時期であり、それが本来あるべき姿です。

※自らの力で魂の原子核の集合体を増やしていく。

・自らの性格を正し、カルマの解消をしなければ原子核の集合体は増えない。これは宇宙の進化の法則（八三頁）で、いつかは必ず解消しなければならない。

・霊格が高くなればなるほど下の方にエネルギーを還元しなければならない。

★魂の状態とエネルギーの流れ

宇宙の法則（進化の法則）に沿って原子核の集合体＝魂＝愛を充実させることで、高次元（未来）からのエネルギーを正しく受け取ることができます。

・センタリング（心と体ともに）
　次のステップ＝意識の統合
　潜在意識・顕在意識・超意識を統合する
・ニュートラルな意識（魂）＝直観⇓第七感

※センタリング…宇宙の本質に各自の本質を沿わせる（合わせる）こと。

＊ニュートラルな意識状態

（一）根源的に全てのものに共通。
（二）現在の地球人にとって究極の状態。
（三）極めてシンプルでパワフル。
※道具は一切不要。
※仏様の段階（如来⇑菩薩⇑明王⇑天部）を見ても、低い段階では知識・道具・物・武器などを持っているが、如来は衣一枚まとっているだけで、何も持っていない。
（四）あらゆる事柄・状態に対応できる。

＊魂のマイナス部分について

・自ら意識をプラスの方向へ変えなければ解決しない。
・邪神・邪鬼を引き寄せたり病気などをつくったりする大元の原因。
・正しくエネルギーを受け取ることができない。また、正しく外へ出すこともできない。
・過去やマイナスの事柄ばかりに意識がとらわれているため、明るい未来や希望が見いだせない。

邪神・邪鬼（三二頁）、病気（現象）を取り除いても、自分自身の内面である魂のマイナス部分（カルマ・ゆがみ・ひずみ・低い自我・思い込みなど）を正さなければ、また同じように邪神・邪鬼、病気（現象）を引き寄せてしまう。

★魂のつながり方

＊ツインソウル

元は魂の原子核の集合体が四十八個以上の源から分かれてきた魂です。一つの魂が二つ以上に分かれ、お互いのないところを補い合いながら成長していくことを目的としてつながっています。最終的には一つの巨大な魂になります。

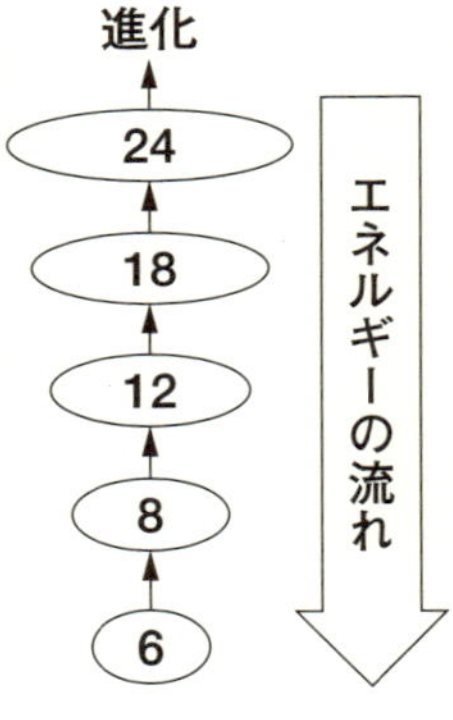

＊グループソウル

目的を同じくした三人以上のグループです（能力に応じて目的がある）。ただし、魂の構成要素が同一とは限りません。

＊ソウルメイト

グループソウルに属する関係のことをいいます。

例）下図①のグループソウルと②のグループソウルの集合において

・AさんとBさんはソウルメイト。

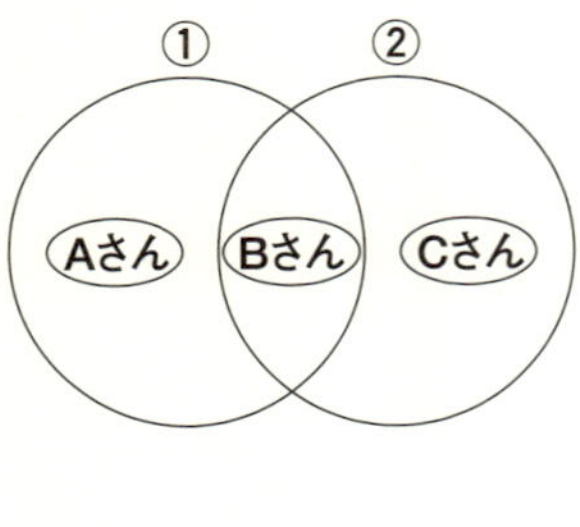

・Bさんと Cさんもソウルメイト。
・Aさんと Cさんはソウルメイトではない。
・魂の原子核の集合体が十八個以上の人がグループのリーダーであることが多い。

★魂の本来の意味

（一）人間だけでなく、宇宙に存在する全てのもの（鉱物・植物・動物）は、宇宙の創造主の魂の一部を分けていただいて、その魂としています。
（二）魂の本質は愛と調和です。私たちはそこに自由意志を与えられて、自分たちを高めるために旅に出されたのです。
（三）魂を充実させるためには、宇宙の法則（八二頁）をしっかりと刻み込むことが必要です。

自由意志の使い方を誤っていると、ゆがみ・ひずみをつくり出して病気になります。今はこの魂の旅が、宇宙の本質に沿っているかどうかを確認するための、二万五千七百三十六年（太陽が黄道十二宮を一周するサイクル）に一度与えられたチャンスです。この大きな深い意味をしっかりと自分のこととしてとらえてみると、無視できない大切なことであると誰もが気付くはずです。

★私たちが霊的成長をするために

〝霊的に成長をする〟とは、魂の原子核の集合体を増やすことです。そのためには、天命（後述）を実行することによって、大元のゆがみ・ひずみをつくらず、魂を充実させ、成長させることが必要です。

＊十二個から十八個の器をつくるためには、次の三点が必要です。

・柔…入力系（受振）⇒物事をいろいろと角度を変えてよく観て、よく観察する。柳の木のように外からの力を柔軟な姿勢で受け流しつつ自分を失わない。

・剛…出力系（発振）⇒自ら提供する。

・芯…強い自己の確立（センタリング）

※魂の原子核の集合体が十八個の人は、もともと『柔・剛・芯』が備わっているはずなのですが、それを発揮できないのは、自ら行動しようとしないからです。

※魂の原子核の集合体は中性子と陽子で成り立っており、この二つのバランスを取ることが大切です。

中性子―受振（意識・調和）

陽子――発振（意志・愛・行動を決定する）

★天命・運命・宿命

私たちが転生を繰り返している理由は、魂を成長させるためであり、天命・運命・宿命もそのための課題です。杉本先生・小塚先生も天の使命を受け、氣功療法を通じて人々を高次元の意識レベルへと導くために、常に発振し続けていますので、そこに共振・共鳴した人は、自分自身のみならず、周りの人々の意識レベルを高めることにも意識を向けて発振していきましょう。

［天命］

私たちが生まれる前に、霊層界で「この世（三次元世界）に肉体を持って生まれたら、自分自身の意識レベルを向上させるためにこういうことを成し遂げます」と、守護神に約束してきたことです。今は宇宙の転換期のため、天命として「本質を周りの人々に伝えて自らの魂の成長につなげます」と、霊層界で約束してきている人が多くいます。自ら決めたことですから、今世実行しなくてもかまいませんが、この天命を成し遂げないで課題を残してしまったら、来世転生するときに加算されて荷物が多くなり、さらに厳しくなります。天命は自分が一番苦手としていることであり、今生においてやり遂げなければならない課題でもあります。

天命は、人間の成長と魂の成長につながる、より多くのエッセンスを含んでいて、成し遂げることで、深いところで人間的により成長できます。また、天命を全うすることによって全てが好転していきます。天命が宇宙と私たちとをつなぐベースになっているのです。これが愛のエネルギーです。

※魂の原子核の集合体を増やすためには、苦手なことを克服し、やり遂げる必要がある。（協調・調和・精神性を高める）

［運命］

自らの意志で自分の進む道を決めていくことです。これは自分の意志によって変更可能です。

［宿命］

魂の原子核の集合体が二十四個以上の人に対して、その人の人生であらかじめ決められていることです。本人の意志や周りの人々では変えようがなく、天からの導きでのレールの上を歩いていかなければならない人生です。

日向・出雲の神々

何気なく過ごしてしまっている日常生活。その中で、私たちがどこで何をしていようが、何を考えていようが、常に神様が見守り、導いてくださっています。地球という視点から見た場合でも、神様は地球の成長を見守り、導いてくださっています。また神様は、それぞれの能力に応じ、それぞれの時代にふさわしい働きをしてくださるので、物質社会から精神社会へと変化する今、当然、働いてくださる神様にも変化や世代交代があります。
では、精神社会を迎えるにあたり、どんな神様がどのように働いてくださるのでしょうか。

★神様について

私たちにとって神様とは、霊格を高めるための目標でもあり指導者でもあります。宇宙にあるものは全て神々よりエネルギーをいただき、神々は自分自身より低いレベルにあるものを正しい方向に導く努力を常にされています。時に守護神は、一見マイナスに思える事柄を提示して気付きをうながしながら導いてくださいますので、マイナスと思える現象が起こっても、プラスになる前の気付きが必要なのだと思い対処していかなくてはいけません。

神様には、レベルの高い星から転生を繰り返して魂の原子核の集合体が十八個になり、人霊から神の仲間入りをした存在もいます。また、もともと、魂の原子核の集合体が二十四個以上ある神（神霊）は、魂の構成要素が人霊から進化した神とは全く違った成り立ちで、能力も断然優れています。

このような神々たちも、それぞれのレベルアップを目指して修行を繰り返しています。また神霊であっても、それぞれのレベルアップのために人間として下生し、修行をしている場合もあります。

今、宇宙の大変革期のため、力の強い神（魂の原子核の集合体が二十四個の神）が下生し、皆を指導して救済していきます。

★神々の働き（影響）

《封印を解かれた出雲系の神々》

※出雲系の神々…アメノホアカリノミコト、スサノオノミコト、オオクニヌシノミコト他。

※山陰地方に居を構え、国譲り神話で「クニツカミ」と呼ばれる存在。

（一）真実を明らかにする

（二）宇宙の調和を図る

（三）今までの腐敗を正す

（四）全てのものの持っている本質を活かすように指導していく

（五）全体の意識のレベルアップをしていく（ボトムアップが重要！）

（六）大神様に沿って活動していく

（七）宇宙全体のバランスを保つように働く

（八）それぞれの神々の能力を最大限に活かす

（九）今回は地球のアセンションを達成するように協力して働く

（十）宇宙に存在する神々と、宇宙に存在する全ての人々との調和を図り、協力していく

出雲系の神々の言葉より

「今までは、正しいことも正しいと言えぬように封印されていましたが、今や正しいことや真実はハッキリと言わなければならない時期になりました」

《日向系の神々》

※日向系の神々…アマテラスオオミカミ、イザナギノミコト、イザナミノミコト他。

※九州地方に居を構え、国譲り神話で「アマツカミ」と呼ばれる存在。

(一) 物質的な繁栄に基づいて社会を築く

(二) 創造

(三) 自己中心的な働きで、個人の競争の結果による繁栄

(四) 個々の繁栄による個人的なレベルアップ

(五) 科学的な繁栄（物質的な繁栄⇓精神性にウエイトを置いていない）

(六) 優柔不断な考え方

(七) 短絡的なものの考え方

(八) 調和の働き（レベルは低い）

以上の神々の働きに基づいて今までの社会は成り立っていました。

＊今後、神々の影響力のバランスは「出雲系∨日向系」になります。これは上下関係を意味するものではありません。また、日向系の影響がなくなるわけでもなく、お互いが協力し合います。

★守護神の役割

地球に存在する人間の多くは、高次元の星に転生したものの、その星にはいられなくなった不良人間です。私たちの課題は、魂を浄め、カルマを解消して、天命を全うすることです。天命を中心に動いていくと運気が全て好転していきます。守護神は私たちそれぞれの霊格の段階に応じてステップアップできるように導き指導してくださっている、私たちにとって一番身近な神様です。

自我をなくし、守護神の導き、指導に沿わせて間髪をおかずに実行することが、霊格を高め、カルマを解消することにつながります。

★天火明命（出雲系）のエネルギーと天照大神（日向系）のエネルギー

2000年10月から、それぞれ以下のようなバランスで働いています。

天火明命《アメノホアカリノミコト》のエネルギー（80%）	天照大神《アマテラスオオミカミ》のエネルギー（20%）
［特　徴］ ・調和 ・物事の判断をはっきりさせ行動させる ・意識のレベルアップ ・破壊（今までの価値観を変える） ・創造	［特　徴］ ・調和（レベルは低い） ・物を中心とした性質のエネルギー ・創造 ・情エネルギー（四次元の意識状態）

［日本神道との共通点と仏教での例え］

＊日本神道との共通点
一霊四魂《いちれいしこん》
和魂《にぎみたま》⇳エーテル体
幸魂《さきみたま》⇳アストラル体
奇魂《くしみたま》⇳メンタル体
荒魂《あらみたま》⇳コーザル体

＊大乗仏教・小乗仏教での例え
大乗仏教⇓指導者の下で、みんなで彼岸を目指す。

欠点…船頭（指導者）がいなくなれば、残された者がどうすればよいか分からなくなる。

小乗仏教⇓一人で彼岸を目指す。

欠点…考えが広がりにくい。
※頼ってばかりでも、一人きりでも駄目。総和が大切。

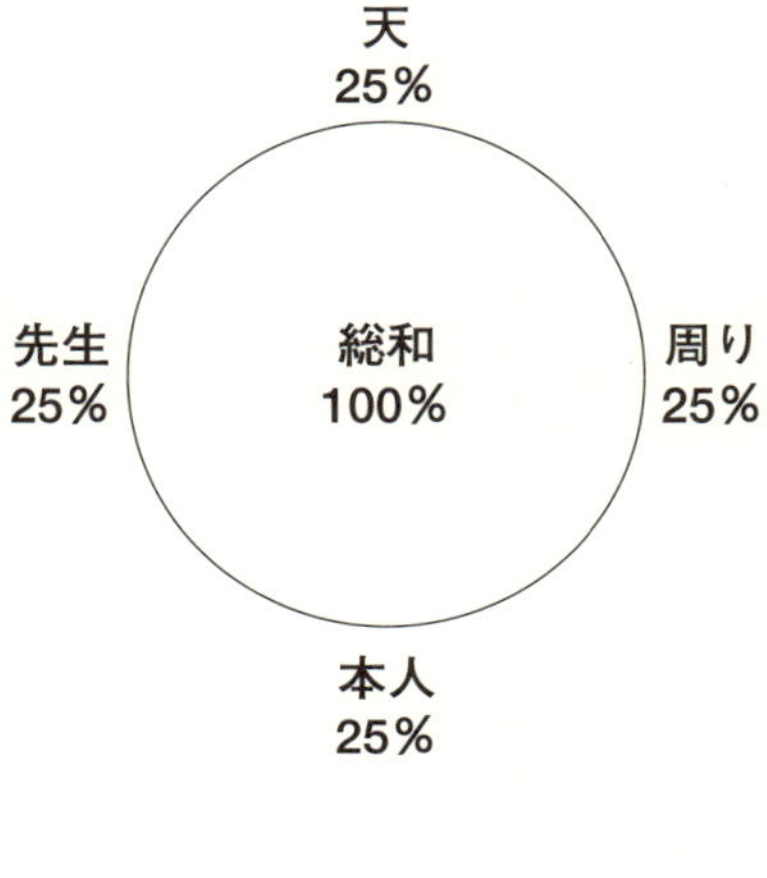

［総和］
エネルギーを正しく循環させ、進化していくには、右図の内容が満たされなければなりません。先生方や天（神様）、さらには周りの人たちに依存するのではなく、本人自ら変化しようと努力し、乗り越えなければなりません。本人が不在では何事も良くはなりません。

邪神・邪鬼とその影響

宇宙の原理・原則に沿わせて魂を充実させていく過程において、クリアしなければならない壁があります。それは、それぞれが持つマイナスの意識であり、意識のゆがみ・ひずみであるわけですが、そのマイナス面、弱い部分に引き合い、付け込み、プラスへの進化を邪魔する存在が邪神・邪鬼です。

邪神・邪鬼に憑かれた場合のダメージは、低級霊を引き憑けた場合とは比べものにならないほど大きいものになります。ただ、邪神・邪鬼は人に憑く霊よりもはるかにレベルが高く、したたかですので、場合によっては霊障のように現象として現れず、本人の気付かぬうちに意識をマイナスの方へと向けさせ、気付いたときにはどん底まで落ち込んでしまっていたり、一気に病が現象として現れ、場合によっては命にかかわる状況にまで追い込まれたりすることもあります。

しかし、霊にせよ邪神・邪鬼にせよ、本人がそれらと引き合わない意識を持つことで影響を受けなくなります。ここでは、邪神・邪鬼の存在や影響、さらに、それらを引き寄せる人間像について迫ってみたいと思います。

★私たちに影響を与えるマイナスの邪神・邪鬼の存在とは

マイナスの強い波動を持ち、マイナス側に次元の高い存在です。はじめからマイナスの存在ではありませんでしたが、途中から意識がマイナスになり、マイナスがマイナスを引き寄せて意識全部がマイナス波動になったのです。邪神の子分が邪鬼です。

＊邪神・邪鬼の影響を受けた人は…

(一) まず体を悪くします。いつもイライラして、怒りっぽく、自我が強く出て精神的に不安定です。
(二) 最初は良いことのように思えますが、だんだんマイナスの方向になっていきます。
(三) 周りにもマイナス方向へ同調する人々が集まってきます。決してプラスの方向には向きません。
(四) 意識レベルも低下していきます。周りの人々にもマイナスの波動を送って悪影響を与えます。したがって、自ら邪神を引き寄せると何一つ良いことはありません。

＊マイナスの邪神を引き寄せる波動・原因について

(一) 自我の強さ
(二) 優柔不断
(三) 体のエネルギー低下

（四）物欲の強さ・精神的なもの
…などです。自ら邪神・邪鬼を引き寄せる波動・原因を持っているのです。

★次元の高さとマイナスの存在との関係

一定次元以上になると邪神は存在できません。宇宙の進化の法則に従い、やがてはプラスに収束されます。なぜなら、マイナスの存在といえども、次元が高くなればなるほど宇宙規模のカルマを背負うことになるので、やがてはその清算のときに、自らの重みに耐えかねて消滅するからです。ただ、有限ながらも自らを存続させる時間稼ぎのために、マイナスの自我・意識を持つ者を同調・増幅させて手下（エサ）としているのです。

※プラスに同調するのもマイナスに同調するのも自由ですが、今（現在）のプラスの選択肢の積み重ねが、宇宙の進化の法則に沿っているのです。

★何回も邪神・邪鬼を引き寄せる人の人間像

（一）人間として基本的なことや、正さなければならないことが幾つも重なり合って根深く残っている。

（二）一見温かそうに見えても心の奥には冷たい性格がある。

※心の奥にあるマイナスは自分で気付くこと。

（三）精神的な病気を根深く持っている。

※地球に転生する以前（地球以外の星々に転生していたとき）に、ゆがみ・ひずみの原因があります。
(四) 大半の人が宇宙の原理・原則に沿って行動していない。
(五) 高次元（神様）から見ると、人間はチンピラのような性格をしています。
※真っ当な人間ではないということ。
(六) おごり・たかぶりがある。

＊邪神・邪鬼を引き寄せないためには

・自分の内なる心をもう一度しっかり見つめ直し、まず人間としての基本的な考えや行動ができるように努力しなければならない。
・私たちは高い世界（神様）からいつも人間性を試されているので、姿や形が見えないからといって暴言を吐いてはいけない。
・人間として裏と表がない性格を築き上げること。

★なぜ邪神の子供でも十八個の魂の器を与えるのか

・器づくりに対しては万人に光を与えるので、チャンスがあれば与える。
※マイナスに対しての総清算は、こういう時期（波動が物質的な性質から精神的な性質に大変化する時期）にしか行われません。

・大元の清算は、低いレベル（地球）では二万五千年～三万年に一度しかできない。
・高次元の他の星はあまりカルマをつくらないので、四万年～五万年に一度清算がある。

邪神の子でも全てマイナス（魂の原子核の集合体の軌道が異常〈反対＝左回り〉）とは限らないので、周りがプラスの状況のとき、プラスに頑張った分、その人の働きを見て器を与えます。

精神時代の社会

唯物主義的な考え方が主流である現代社会を生きる人々にとっては、精神社会の到来など到底信じることはできないでしょう。実際に、現在の世の中を見渡してみても、精神社会とは程遠い状況にあります。しかし、精神社会への歩みは着実に前進しています。

★ニビル・邪神の支配構造

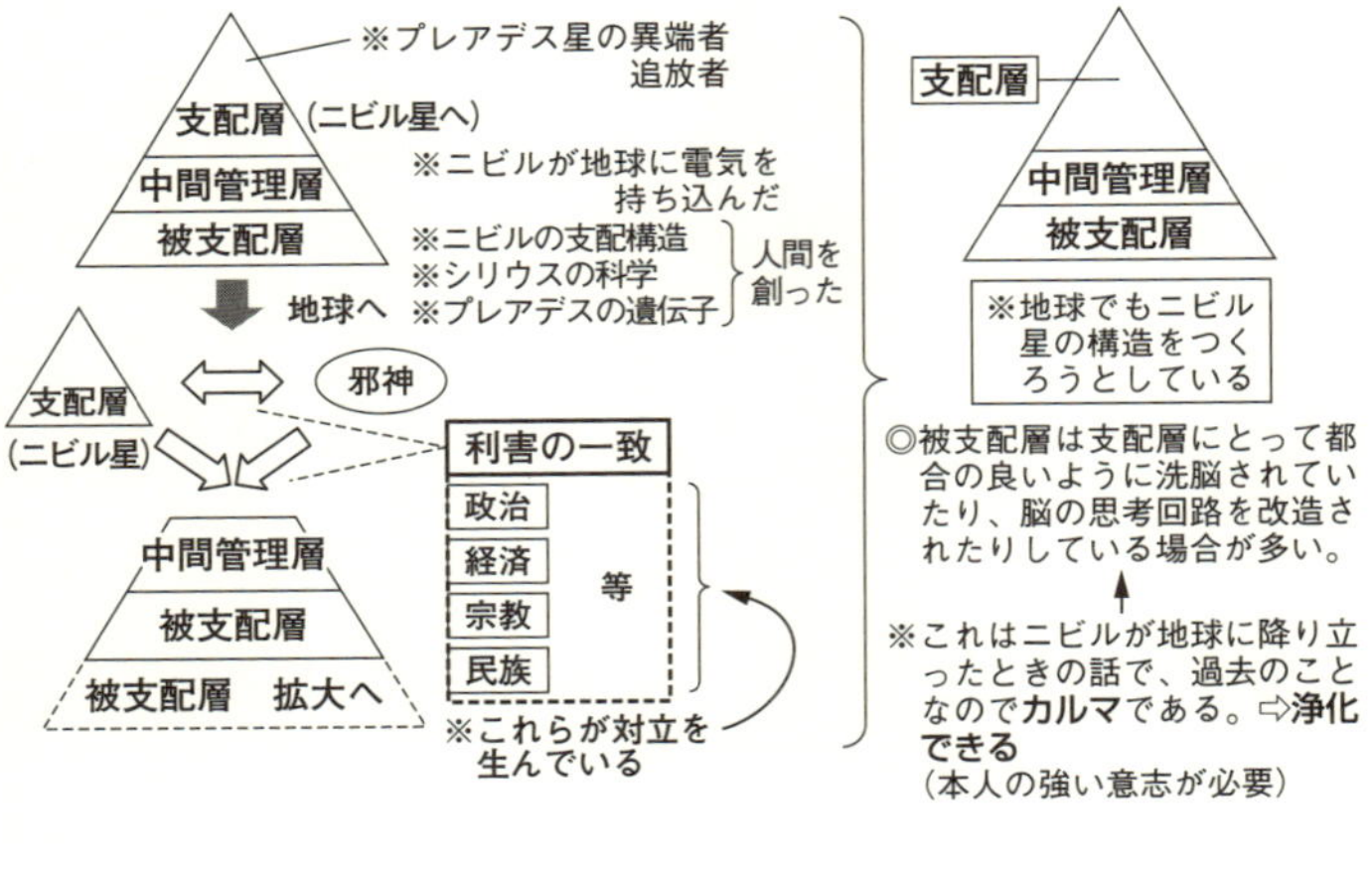

では、精神社会とは、具体的にどのような社会なのか、また精神社会において、私たちはどのようにあるべきなのでしょうか。

★精神時代の社会とは

（一）調和・助け合い・統一国家と貧富の差をなくす。
（二）日常生活全体が杉本眞人先生の出す氣の宇宙エネルギーに変わる。
（三）地球と調和の取れたエネルギー（正しい循環）。
（四）宇宙の原理・原則が今以上に顕著に現れる。
⇒自ら変えなければならない（カルマでつぶされる人々も多くなる）
　理由＝みんなの霊的能力を高めるため

本質に沿って動かない人は、ゆがみ・ひずみのために大変なことになります。真和氣功センターに来ている人は、そういう人たちを指導（アドバイス）するために、自ら霊的能力を高めなければなりません。

★精神社会の人々の意識の在り方

（一）個人個人の本来持っている本質（天命）に沿って行動すること。
（二）身近な人たちと、いかに協力して調和を保っていくか。

（三）自分の我を取り除いて宇宙との調和を考えること。健康な体を保ち、自分のできることから身近な人たちに『無償の愛』をしていくこと。
（四）常に全体的なバランスを考えて行動することが重要である。
（五）各自が自立する時代に入りました。
※何でもかんでも先生に聞いたり、頼ったりしていては駄目！
まず自分で行動・判断し、その結果を先生に聞くようにすること。
※何を言わんとしているか、本当の意味を読み取ることが大事。

★精神社会の在り方

（一）最初は、今までの物質社会の良い面と精神社会の初期的段階を取り入れて、次第に一〇〇％精神社会へと移行していく。
（二）そのものの本来持っている本質が、一〇〇％の効果で活かせるようにすること。
（三）人々が精神的に安定した社会。
（四）今までの物質社会の物事の考え方、ものの価値観を全て変えること。

★精神社会の経済の在り方

（一）宇宙エネルギーを利用した製品が価値を示します。
（二）宇宙エネルギーを利用しますから、それを扱う人々の意識レベルによって効果が大きく違います。
(三) 製品の価値に応じて適正価格でなければならない。
※会社も、本質(共存・共栄の法則)に沿って経営しなければ、どんな大きな会社でも倒産する。
(四) そのものの持っている本質が、大きく効果を発揮しているか。
※飾っているだけでは駄目。
(五) お金は、その人の本質に沿って使用した場合は、常にスムーズに流れていきます。
(六) 二十一世紀を大きく変えるのは宇宙エネルギーの利用です。

★医療について

(一) 医者は療法家と同じく、これからは人を正していく。
人を正していく人は、自分自身を正していく人でなければならない。
そのためにも、宇宙の原理・原則をよく勉強しなくてはいけない。
(二) 宇宙エネルギーを用いる氣功になる。
霊的施療も取り扱う。
退行催眠や前世療法が盛んになる。
(三) 薬の代わりに、石・漢方(生薬)を使う。
音・色・植物・波動測定器(例:MRA)を使い、自然のものに移行する。

人間も自然の一部だという認識に変わる。
(四)現在の医療は、外科・救急医療・筋肉トレーニングのものが残る。
(五)生体移植はほとんど中止に向かう。(やむを得ない場合もある)
※ドナーのＤＮＡに刻まれたカルマを受け継いでしまう。
(六)人間の体のＤＮＡを正していくことを二十一世紀の医療とする。
氣功がその方法として一番正しい。
薬(化学的なもの、ゆがみ・ひずみをつくるもの)は使わない。

二極化

地球を取り巻く波動が物質的な性質から精神的な性質に変化していくことに対し、動物や植物、鉱物はその変化に素直に従い沿わせているのとは対照的に、人間においてはその変化を素直に受け入れて沿わせていく者と、現状の物質的な価値観から離れられず変化を拒み変化に沿わせない者とに分かれ、これからは人間社会や人間の価値観の二極化がますます顕著に表面化してきます。

なぜこのような二極化現象が起こるのか、なぜ沿わせていく者とそうでない者とに分かれるのか、人間の低い意識(自我)を踏まえてその原因を探るとともに、正しい道を選択するための意識の在り方を提示します。

★二極化（真和氣功センター　杉本眞人先生より）

私たちの肉体は、誰でも同じ三次元上に存在している点から見れば何も変わったところなどありません。療法家として皆さんに接する場合、一人ひとりに同じ時・空間・距離を三次元的には共有しています。よって、コミュニケーションの第一段階の五感で共振・共鳴していることになります（もっとも、すれ違いの会話しかできない人たちは以前からいますが……）。

最近よく思うことですが、私が送る氣に共振・共鳴する人（それぞれのレベルに応じて）と、意識の波動状態を例えて言うならば、何万光年も離れた未開な異星人とコンタクトをしているような相手との遠く離れた距離を感じる人たちがいます。これは意識の視点や意識の在りかの違いで、その人の霊格とは無関係であり、私と共振・共鳴する要素がほとんどありません。

反対に、霊格が低くても、また多少ズレていても、その人の本心・本音に忠実な場合は、これから変化してくる可能性があります（いつまでも自我を押しつけてきたり、見当違いな思い込みをしたりしている人は論外）。

この場合も例えて言うならば、赤ちゃんが幼児になり子供になり、少年・少女が青年になって、やがて大人になっていく成長過程を見守り見届けるようなものです。私や小塚先生も、このような人たちには惜しみなく力を貸します。なぜならば、それが私たちの使命だからです。魂（意志と意識）の充実なくして、進化・統合・アセンションはありません。これはすなわち内面の充実です。ここで、本物の「愛と調和」を受振し発振することができるのです。

私が皆さんに「どうありたいか」を問うているのは、「あなたの中心にある本質は何ですか」ということを問いかけているのです。見せかけだけの知識や分かったつもり違いの屁理屈や押しつけがましいドロドロした愛情は、本物を身に付けた人（内面の充実された人）には全く通用しません。これが、私が送る高次元の氣に共振・共鳴する人と、そうでない人との決定的な違いです。

あなたは、「どうありたいですか」。

常に自分自身へ問いかけてみてください。そこには偽りのない自分自身がいることに気が付くことでしょう。

★二極化に至る過程（真和氣功センター　杉本眞人先生より）

本来、プラスの魂の人やゆがみ・偏りの少ない人は、プラスの事柄によく反応してよりプラスへと前進することができます。反対に、マイナスの魂の人やゆがみ・偏りの多い人は、プラスの事柄に鈍感で、マイナスの事柄や不快な事柄に過敏に反応します。よって、その結果としてなかなかプラスへとは向かえなくなります。

私たちはいつでもプラスの事柄を提供し続けてきましたが、こういう反応の人たちがプラスへと結果が変身するためには、並大抵のことでは変わっていかないことが分かります。もちろん、これは本人が並大抵以上の努力をしていないからです。依存や要求ばかりで、後は言い訳ばかりと肝心の本人が不在では変われるはずがありません。

ただし、このようにマイナスに過敏に反応する人たちにも変われるチャンスがあります。それは、自分よりももっと病んで、ゆがんで、ひねくれて、意識レベルの低い思いに落ち込んでいる人を見ては「このようになりたくない！」と反発すること（反面教師とする手）によって、やがてはプラスへと向かうコースがあるからです。なぜならば、プラスに共振・共鳴することには鈍くて、マイナスには過敏・過剰に反応するエネルギー源をバネに利用できるからです。

素直ではないために、このようにややこしい反応を逆手に取ることもできます。何だかサバイバル・マッチみたいですが、では、誰を生贄・踏み台にするターゲット（標的）にしますか？生ける屍（自分よりもひどいマイナスの人たち）を乗り越えていくことが一番栄養になり、手っ取り早く近道になることもあります。もともと、弱肉強食（餓鬼）や戦うこと（修羅）にはたけていて、行動が極めて自然にできる人たちですが、プラスの行動をすることとなると途端にブレーキがかかってしまいます。もちろん、このままではプラスへとは転じませんから、いつかはゆがみ・ひずみを正さねばならないことには変わりありません。

★常日ごろが大切（真和氣功センター　杉本眞人先生より）

今は変化し進化することが当たり前になっている人と、いまだに門前でああでもないこうでもないとグズグズしながら、言い訳・言い逃れ・講釈だけは人一倍以上に述べ立てている人たちとの二極化が明確になってきました。

後者は、私たちとの接点を日常生活からも時間的にも、部分的なつながりしか求めようとはしません。反対に前者は、日常生活につなげてこそ当たり前のことと受けとめています。よって、その差が開く一方であることは自明の理であることはいうまでもありません。

これは私が知り得たほんの一例ですが、私どものホームページに時々問い合わせがあります。そのような人にも、例えばホームページの管理人さんは懇切丁寧に文章を書き、何回かのやり取りをしてくれています。実に親切で十分な内容でした。

しかし、そのようなやり取りにもかかわらず、相手の理解が非常にお粗末なケースが多々あります。

このホームページの管理人さん以外にも、なかなか実を結ぶことには至らなくても日常的に当たり前のこととして行動を続けている人もいます。本質に沿わせようとしない・行動しようとしない人、言い訳・言い逃れだけは人一倍以上の人たちとの落差が広がって当たり前です。

私たちと接点があるときだけ、私たちが指摘したときだけ考えるフリをしても魂の栄養にはなりません。自分を充実させるために、より良く人生を送ってもらいたいものです。

★今、問われていること（真和氣功センター　杉本眞人先生より）

今、皆さんが自らで正しく解決しなければならないゆがみ、ひずみが拡大され、問いかけられています。時間の経過とともに、そのとき正しい考えや行動をしなかったツケが、これでもかというぐらいに現象化をして皆さんに問いかけています。

特に『変わらない人たち』『ズレた人たち』は、自分の考えや行動をよくよく振り返ってみてください（ひょっとしてこれが最後のチャンスかもしれません…）。

そういう人たちは、話＝ストーリーの展開の筋道が必ず間違っています。そこにまだ気が付いていないところにも大きな落とし穴があります。私たちの提供する内容と照らし合わせをしてみて、ＮＯ！という内容にもかかわらず、本人は何気なく、ＹＥＳの筋道に仕立て上げています。よって、いつまでも変わらないままに自分流の考えや行動を続けるのです。私たちが判断すれば、ＮＯ！である筋道をいくら本人が正当化をして述べ立てたところで、ＮＯ！の展開や結論しかありません。また一方、ＹＥＳの内容に対して自分が思う疑問や質問を、いつまでもこだわり続けてしまう人もいます。

どちらの人たちにもいえることは、自分の思いや考え・行動を変えずに時間とエネルギーを無駄に費やすばかりか、周りの人や私たちを巻き添えにしてしまうことに大きな問題があるということです。

『時』はますます加速されて、さらに二極化の傾向にあります。利己的な思いなどで安楽な結果など得られるはずもなく、よりシビアに白か黒かが明らかにされようとしています。

選択の違い

私たちの人生は選択の連続であり、選択した結果により向かう方向が決まります。ひたすらその繰り返し、積み重ねでしかありません。そして、選択する際に基準となることは、本質に沿っているか否か、プラスかマイナスかということのみです。それには、本質を正しく学ぶ必要があります。さらに、自分の今までの経験や価値基準と照らし合わせた際に、本質に沿った選択が自分にとって苦手なこと、あるいは不都合なことであったとしても、自分を優先させず、迷わずプラス（ＹＥＳ）を選択する

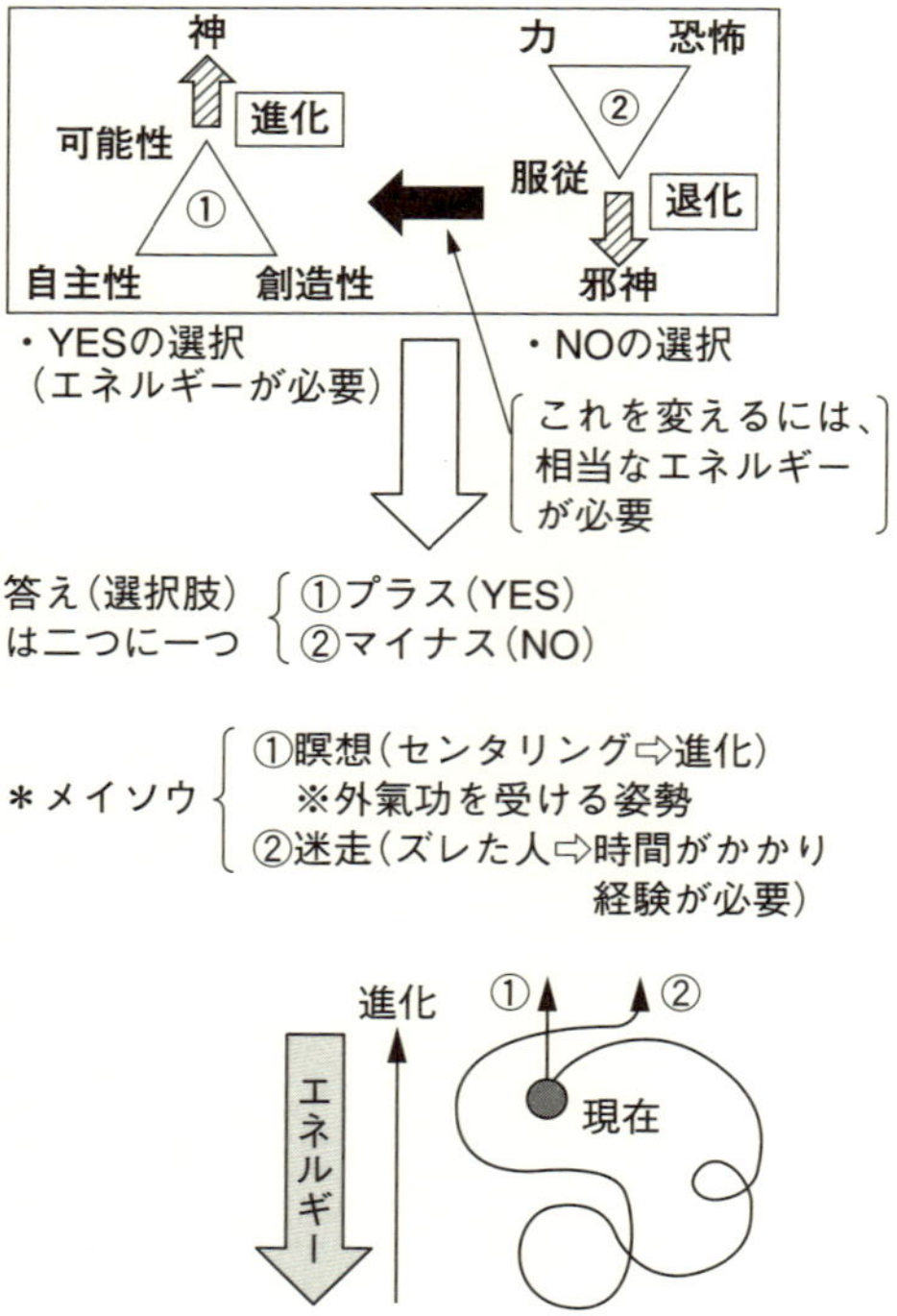

強い意志がなければ、正しい選択をし続けることは不可能です。

日常の何気ない選択が本質に沿っているか、あるいは、自分の都合を優先させ、誤った方向に流されていないか、常に意識して行動することが、私たちにとって必要です。選択の違いによって、その結果どうなるのか、高い視点から観た内容をご紹介します。

★本質に沿わせることに対する選択の違い

＊プラス（YES）を選択

・自主性・可能性・創造性を頂点とした上向きの三角形の働き。

↓進化（神へつながる）

＊マイナス（NO）を選択

・力・恐怖・服従を頂点とした逆三角形（下向きの三角形）の働き。

↓退化（邪神へつながる）

あくまで選択肢はプラス（YES）かマイナス（NO）の二つに一つしかありません。NO（逆三角形）を選択することが身に付いてしまっている場合、それを上下百八十度反転させるには相当のエネルギーが必要ですが、全ては現在の積み重ねであり、現在が大切であるということをしっかりと踏まえて、常にプラスの選択をするようにしなければ、進化はあり得ません。また、意識が進化する方向へ向かうことで高次元から受け取るエネルギーも増え、正しく導かれ、ますます進化が加速されます。

過去→現在→未来という時間軸にとらわれていては、このことが理解できません。現在の意識を正すことで、過去世で刻まれたカルマ（ゆがんだ思い）を正すことができるのです。

・現在を変えると過去が変わる。
・現在を変えると未来が変わる。
・過去を変えると現在が変わる。
・過去を変えると未来が変わる。

※現在が大切。全ては現在の積み重ね。

★進化するとは

例えば、大山津見命《オオヤマツミノミコト》の場合、杉本先生の考えや思いを忠実に再現・読み取ろうとされています。なぜなら、大山津見命（グループ）は、次回のアセンション（今回アセンションできなかった地球の場合で、二万五千七百三十六年後）を担当されるからです。グループの誰かが、三次元上の世界へ肉体を持って下生され、意識レベルの低い人々を導くための準備として杉本先生について学ばれているのです。たとえ神様であっても、成長・向上するために変わろうとされています。

生死・意識レベルの高低にかかわらず、杉本先生は同じ氣を送ってくださいます。にもかかわらず、変わらない（変わろうとしない）人や、分からない（分かろうとしない）人がいるということは、氣を受ける側の問題です。自分自身を進化させるために、プラスの氣を利用しない手はないのですが、変わろう、分かろうとしない本人の意識が氣を制限してしまっています。

プラス（YES）かマイナス（NO）の二つに一つしかない選択肢を、その場面場面においてどちらを選択するかで、その後の進化の速度が全く変わってきます。また、一度マイナスの選択をしてしまうと、マイナスの選択（カルマ）を次々と積み重ねてしまい、カルマを解消し、プラスの選択をしようという意識の状態になるまでには何度も転生を繰り返し、膨大な時間や経験を費やさなければなりません。

①プラス（YES）の選択肢（例：M・Oさん）
勉強会の内容をパソコンに打ち込みプラスの行動をしたことでカルマが急速に解消されるとともに意識レベルも向上する。
②マイナス（NO）の選択肢（例：H・Yさん）

カルマを次々と積み重ねてしまうため、解消されるまでに相当な時間と経験が必要になる。
意識レベルの向上も同様。

《H・Yさんが②から①へ変わるまで》

・プレアデス星で自滅してから今世まで…八十七万六千五百三十二年（地球時間）
（転生回数…七千五百三十六回）

・魂が発生してから邪神との大元を切るまで…九千七百八十三万六千五百三十二年（地球時間）

※H・Yさんの魂は、邪神の子として発生している。

※H・Yさんの経験も意味のあることだった。嫌というほど「NO」の経験をしてこそ、プラスのありがたみが分かった。

《①を選択した結果によるM・Oさんのカルマの減り方》

［H・Yさんの根深い前世のカルマ］

マイナスのエネルギー ＝ 相手を攻撃しようとするエネルギー
↕
プラスのエネルギー ＝ プラスのエネルギーを発しても自分に返ってくる

・二〇〇〇年五月ごろ⇓七千八百九十八個
※当初、図形（神様から伝わった図形を外氣功中にイメージする）で一日一つと、週三回真和氣功センターに通って、約二十年で解消される予定だった。

ところが…
・二〇〇一年二月六日⇓四千五百三十六個
・二〇〇一年七月七日⇓千三百五十六個
・二〇〇一年七月二十八日⇓千百個
（M・Oさんは、高次元からの映像やメッセージの受振能力があります）

［H・Yさんの根深い前世のカルマ」（五〇頁）

＊今世、どうして苦労・重荷が多いのか？

《カルマの内容》
・プレアデスに転生していたころ、戦争中に、地下室で鏡（敵が仕込んだ特殊な鏡で、自分ではない者が映される）に映った自分を敵と思い込んで銃（レーザー光線のようなもの）で撃ち、それが鏡に跳ね返って自分に当たってしまい、自分が死んでしまった。

※敵に殺されたと思い込む。

↓

※この思い込みから常にマイナスの意識状態となり、転生を繰り返すうちに、カルマ・ゆがみ・ひずみを蓄積してしまった。

↓

※今世、自分を正そうとする意志、プラスの思いが強く、蓄積されたマイナスを一気に正そうとしているために、苦労・重荷が多い。

・マイナスのエネルギー（相手を攻撃しようとするエネルギー）を発してしまったために、結果的にそのマイナスが何倍にもなって返ってきた。

※ほんの一度マイナスの選択をしてしまったために、自分自身のカルマ・ゆがみ・ひずみや、プラスであることのありがたさに気付くまでに、膨大な転生を繰り返さなければならなくなり、魂を成長させるために大きく回り道をする結果となってしまった。

★様相の変化（真和氣功センター　杉本眞人先生より）

最近、施療効果が以前よりも素早く現れるケースが増えてきました。やはり、波動の変化や『時』が加速されてきているからだと思います。もちろん、私自身の氣や能力の向上も増していることが加味されてのことでしょう。以前と変わりなく施療を行っていても、私の予想よりもかなり早く良い結果が出るようになりました。波動の変化に沿わせようとしている人はこの効果も素早く現れることでしょう。

しかし、その反対に、相変わらず『時』に乗り遅れてしまう人たちもいますので、今まで以上によりいっそうゆがみ・ひずみが拡大されてしまいます。このように良い効果が出ないばかりだけではなく、ますます取り残されてしまうことになるのです。この両者の落差たるや、それこそ天国と地獄ほどの違いになってしまいました。

この素早く良い効果がもたらされたのには、もちろん、しかるべき理由があります。〝間髪置かずに素早く行動〟。何のことはない、当たり前のことですが、本人の自主的な意志決定と行動とが、タイムラグやズレがないこと（＝原因）が素早く良い効果（＝結果）につながっているだけです。その反対であれば、ゆがみ・ひずみが拡大されることも当然の結果として自らが選択して招くこととなります。

『時』を逃してしまう人たちには、このことを再三再四、注意を促してきました。口先だけで、「はい、分かりました」と軽々しく表現するものの、奥底の意識では「いいえ、私は変わりたく（変えたく）ないのです！＝本質には沿わせたくありません」という本心・本音が、私には手に取るように分かります。よって、心底「もう嫌だ！」と本人が思うまではこれでもまだまだ足りない（懲りない）わけで、ここでもプラスへと反転する臨界点に達するまで何度でも繰り返してしまうのです（臨界点に達するまでのエネルギーを注ぎ込むことも、本人の自由意志による選択の積み重ねの結果となります）。

選択の自由は、本人の意志以外には何人たりとも介入できません。自らが選択した結果であれば、良きにしろ悪しきにしろ、誰のせいでもありません。受け容れざるを得ません。中途半端に誰か（私たち）にすがっても、まいた種を刈るのも尻ぬぐいをするのも自分自身でせねばならない『時』が、全ての人に平等にやって来ます。ならば、グズグズ・ダラダラと他人ごとのようにいつまでも過ごしていないで、潔く決心して即行動あるのみです。

言霊《ことだま》・高次元から見た愛・価値観

私たちが当然のこととしているものは、高次元から見ればねじ曲がってしまっていたり、本来そのものが持つ意味のほんの一部しか理解されていなかったりするものがほとんどです。実際、三次元界に存在する私たちが一般的に信頼するものは、肉体の持つ五感で感じることができるものでしかなく、そのものの持つ高次元の意味や意図は無視され、三次元界において地位や権力のある者によって都合の良いように解釈され、使われてしまっているのが現状です。また、その解釈や使い方が一般的な常識となり、世間に浸透してしまっています。

本章にて、言葉や意識、ものの価値について、それらが本来持つ中身、奥を提供することで、現実とのギャップを感じることでしょう。精神社会にふさわしい意識状態となるためには、このギャップを埋めるべく、各自が意識を正していかなければなりません。

★言霊について

自分たちの内なる心から発した思いや言葉は、行動に移して実行することが前提と見なされます。その思いや言葉を発しただけで実行しなかった場合、カルマとして残っていきます。自分の発した思いや言葉で相手を精神的に傷つけたり、自分が思いや言葉で発したことを実行しなかったりして、たくさんのカルマをつくっている人が多いのです。したがって、約束したことや思ったことは実行しなければなりません。いいかげんな思いや言葉を発しては駄目です。よく考えて発することです。

★お金・物の価値観に対して

人間は何度も転生して繰り返される三次元界での生活の中で、いつも自分の周りに物が十分あれば満足するという生活に慣れ、不自由な状況の中から自分たち自ら物を創り出していくという考えが薄れてきています。何もない不自由な条件の中から物を創り出していく、それが創造です。本来人間は、転生を繰り返して意識を高めていく中で、自分の能力が潜在意識から顕在意識へ移行され、自覚ができるのです。こうして、不自由な中からどうしようということで、閃きが生まれるのです。

真和氣功センターの杉本眞人先生の氣は、カルマを一つ一つ解消することによって、その人が持っている能力を引き出し高めていきます。私たちは、物のない不自由さを味わいながら、その中から潜在能力を引き出して、その能力を活かし、未来へと続く精神的に豊かな生き方を望むようにすればよいのです。今さえ満足すればよいのか、それとも未来の豊かな精神社会につなげていく方がよいのか。それは自分自身が決定すればよいことです。

★高次元から見た愛

（一）情に流されない。

…相手の魂の成長を心から願い、ゆがみを正してあげようという姿勢。

（二）物事を正しく見極めること。

…宇宙の進化の法則に則って正しく調和が取れているか。

両極のバランスを保ちつつ、それらを超えた意識を持つようにすると本質が見えてくる。

（三）自発的行為によって、周りに喜びや感謝を与え、自分にもこれらのことが返ってくること。

…優しくなり、分かち合えるようになる。

相手の幸せを願うことが、自分の幸せにもなる。

※魂の原子核の集合体は中性子と陽子で成り立っています。

中性子――受振（意識・調和・周りとのかかわり）
陽子――発振（意志・愛・行動を決定する）
｝この二つのバランスを取ることが大切です。

★究極の愛とは

自分より次元が低いものは自分の中に全て含まれているので、自分の中（内面）に意識を集中していけば、自分より意識レベルが低い相手のことが分かるはずです。

＊自分の意識や肉体にとらわれている状態は、四・五・六次元の意識レベル。

※魂が自由になっていない。

＊四・五・六次元から伝わってくるのは『直感』。

＊魂レベルで物事を観るのは『直観』。

自分の内を見つめ、その中に含まれているものを理解するには、四・五・六次元の意識（直感）を克服している必要があります。

＊せめて、六次元レベルまで意識を高めること。

＊内を見つめたり、カルマを正したりするには、氣功・瞑想・禅が良い。

［補足説明および高次元からのメッセージ］
＊本流に沿う（センタリング）＝自然体⇩無償の愛につながる。
＊気持ちのこもった、実態（経験）の伴った言葉を発すること。
＊恐怖心⇳勇気
※正しいもの、おかしいものを自分自身で見極めをつけること。
＊マイナスの状態は良くなるための薬。
※重要なのは、自分を正していこうとすることをするか、しないか。
＊現状（現象）にとらわれ過ぎ。心の内を見つめ、早く目覚めさせること。
＊魂を磨くためには、いろいろなものを削りなさい。
※ダイヤモンドもカットしなければ輝きません。
＊真和氣功センターを通じて得た知識を周りに還元（実践）していますか？　何もしていなければ、直ぐに行動してください。自分はこれからどうしていくか、という確固たる意志を持つこと。

未来則と経験則

日常生活における一般的な常識・価値観、これらは全て経験則によるもので、物質文明社会に根ざしています。また、自分自身の考え方や行動パターンは、前世を含む、今よりも以前の知識や経験が根深く影響しており、自分の意識を百八十度変えなければ、慣れ親しんだ経験則による考え方・行動から脱することはできません。いずれにせよ、経験則のみに頼ってしまった場合、意識を未来（高次元）へと向けることができず、地球が物質社会から精神社会へと確実に向かうことによる波動の変化や、次元上昇していく進化の流れに乗ることができません。

これらの変化や流れに沿わせていくには、未来則による考えや行動を実践していかなければなりません。未来からの情報を正しく受け取るには、本人が素直に受け容れる・聴き容れることのできる意識状態である必要があります。また、過去↓現在↓未来という経験則による流れに縛られず、可能性のある未知の世界（未来）へ踏み込む勇気が必要です。導かれるままに、自らを未来からの流れに任せて歩んでいこうという不動の心なくして、未来則による考えや行動を基準とすることはできません。

★未来則と経験則

〈未来則〉

未来（高次元）の情報から顕在意識で判断して行動します（顕在意識を正しく使う）。

「未来↓現在↓過去」の流れ⇓可能性が引き出せる

例）発明・発見・閃きなど

〈経験則〉

過去の経験（潜在意識の中にある）から考えるだけ（顕在意識を正しく使わない）で、意識して自ら考えることをしません。失敗して初めて、ここが駄目だった、と原因を考えるので、原因を考えた時点でようやく顕在意識を使うことになります。

「過去↓現在↓未来」の流れ⇓過去の延長上でしかない

例）お役所的考え方⇓「前例がない…」など

＊過去の延長上にしか自分の考えがない人は宇宙の変化についていけません。

★ほとんどの人たちの現状（ほとんどの人たちが陥っています）

＊宇宙の原理・原則に沿わせ行動していない

⇓自分のこととして受けとめていない。

＊みんなに欠けていること

⇓他人のことを自分のこととしてとらえられない。

※外にしか目を向けていない。

＊みんな空箱を積み重ねていることを自覚していない

←

・知識⇒肉体脳の顕在意識（意識全体の五％程度）の穴埋めをして偉くなったつもり。

・経験⇒病気が治りありがとうございます。しかし、時間がたてば、いつの間にか『のど元過ぎれば熱さ忘れる』という状態になる。

※本人が不在のため、総和（天・先生・周り・本人）が一〇〇％にならない。

・地球の進化・変化にどんどん置いていかれる。

・自分中心にしか物事を考えることができない。

・視野が狭い。

・周りと懸け離れてくる。

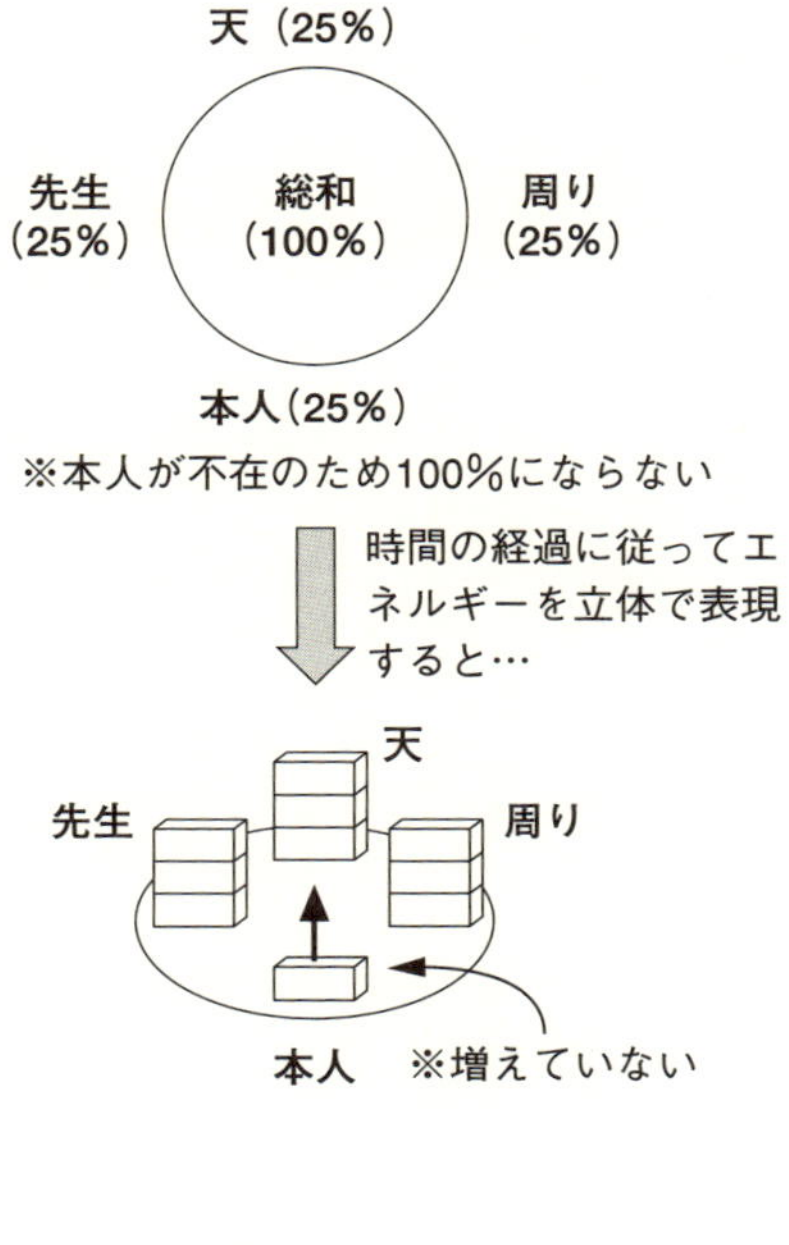

★『時』…〝意識・氣・カタチ〟の概念図（真和氣功センター　杉本眞人先生より）

（一）三次元上に投影された結果の世界においては、『時間』とは過去・現在・将来（未来）へと水平軸方向へ一方通行的に流れていくように見える。しかし、高次元は原因の世界であり、（A）過去も、（B）未来も同時に存在している（A and B）。

（二）現在とは、（A）過去、（B）未来のいずれかを選択する『時』であり、常に選択を問われる場である（A or B）。

（三）人間の意識の在りかは『時間』の経過とともに最高値から最低値の間をゆらぎながら変化している。

（A）過去（経験則）から現在の在り方を
　導き出すのか
　それとも、
（B）未来（未来則）から現在の在り方を

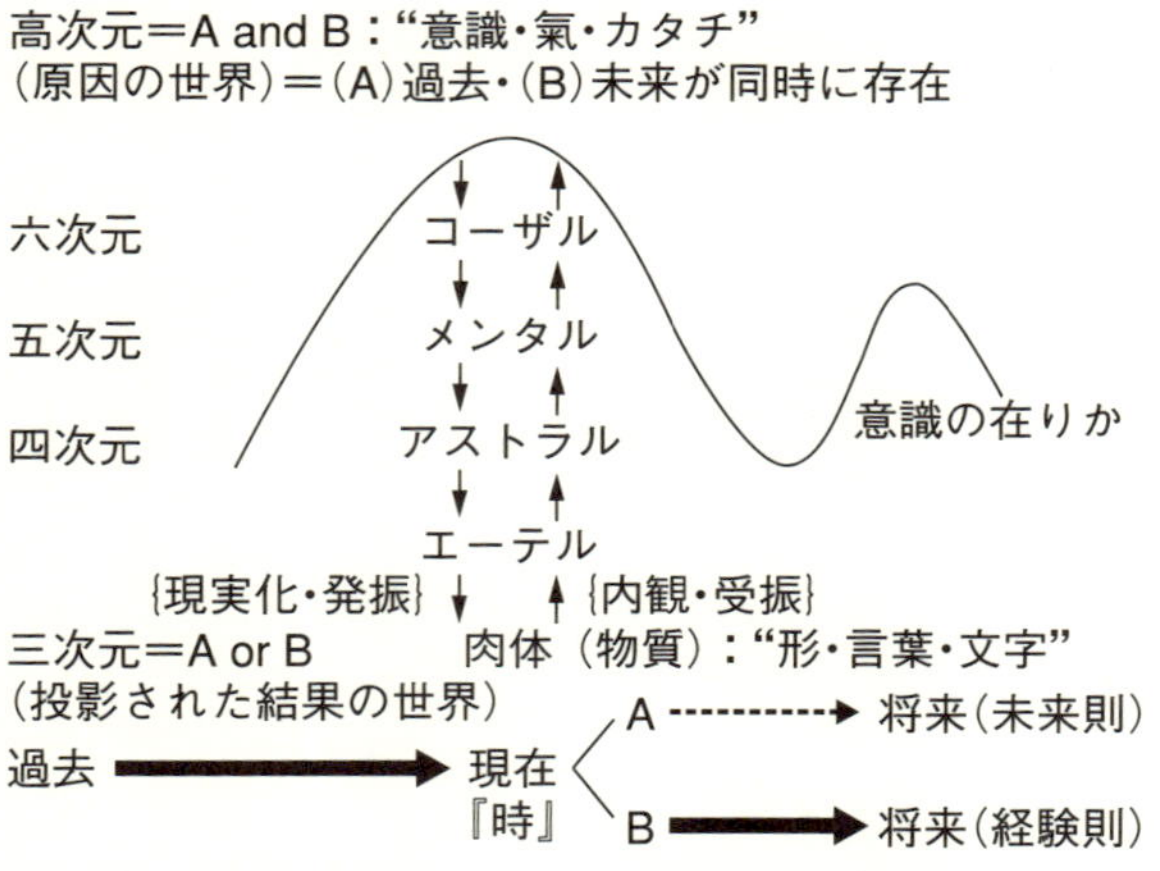

※二次元上に概念化することの困難さはご配慮ください。

導き出すのか
どちらかによって、これからのストーリーの展開が違ってくる。
（四）同じ未来則であっても、意識の在りか（次元）で三次元上に投影された生じる結果は違ってくる。

［『時』…〝意識・氣・カタチ〟の概念図についての補足説明］（真和氣功センター　杉本眞人先生より）

顕在意識を使って垂直軸方向へ（自分の体の内部へ）向かうことを『内観』といいます。陥っていたり錯覚したりする大抵の人たちは、水平軸方向の過去に起きた出来事を逐一思い出すことをしてしまいがちです。しかし、この作業ではこれからの『時』に対する何の解決策にもなりません。垂直軸方向の高次元の体（意識）には過去の情報が刻み込まれています。過去の出来事を塗り替えたり書き換えたりすることではありません。マイナスの過去を引きずらない現在の自分自身に変化していくことが進化の第一歩となります。

結構大勢の人たちがキャリア（水平軸方向の過去から現在に至るまでの経験年数）ばかりで、意識が全く垂直軸方向へと向かっていませんでした。よって、知識・言葉・理屈・解釈という三次元上に投影された結果を寄せ集め、張り付けることにしか知恵が回らないようです。これでは、一体どこに私たちと高次元のコミュニケーションができる共通項があるのでしょうか？あまりにも意識の視点が低過ぎます。

取りこぼし・目こぼしが多過ぎる（＝ザルである）ことをよほど自覚せねばなりません。自分で見逃しておきながら、そのくせ与えてもらうことや目新しいことばかりに意識が向かいがちです。この垂れ流しの姿こそ、地獄界の餓鬼や亡者そのものです。いくらピンポイントで霊格の最高値（九四頁）が高くても、絶対値（通常）の意識が低過ぎます。

垂直軸方向の積み重ねが全くといってよいほど成されてないために、同じ轍を何度も踏む羽目になるのです。意識レベルの低さ故、経験則か低次元の未来則しか選択できないでいます。したがって、霊格の最低値（九四頁）をボトムアップするには真剣に『内観』し続けるしかありません。

高次元に向かえばその人の器に応じて必ず分かるはずの自らすべき『内観』や『愛』を、他人から解釈や説明をしてもらってお粗末な顕在意識に張り付けることが、いかに愚かな行為か悟らねばなりません。経験・体現したくないしらじらしさ、腹立たしさしか感じません（このような人は、私が言ったことや自分が経験したことでさえも、時の経過とともにすぐ忘れてしまうので、何度でも同じ過ちを繰り返すことになります）。

私や小塚先生は、いつでも当たり前のこととして意識を垂直軸方向へ向けています。よって、高次元（神様・自分の魂）を通して他の人のカルマや前世・ゆがみを知ることができるのです。これは、自他の壁・距離を隔てずに意識を垂直軸方向（内面）に向けるからこそなせることなのです。

また、カルマや前世・ゆがみを正すことが可能なことも、同じ図式の異方向のベクトルで説明ができるはずです。同様に、〝言葉・文字・形〟から〝意識・氣〟を読み取ったり込めたりすることも理解できるはずです。

本当に意識が高くなれば、利他的行動に基づいて、自他の区別なく受振も発振もほとんど同時に可能な状態になります。水平軸方向の三次元下に投影された結果である〝言葉・文字・形・現象〟にとらわれた意識では、いつまでたっても点の羅列・寄せ集めにしかなりません。

本人たちはまるで宝物のように後生大事に思っているようですが、意識が垂直軸方向の高次元へと向かう持続力がありません。これでは『時』のふるい分けの思うつぼにはまる結果しか選択していません（＝自ら選んだアセンションの放棄）。

まだ一部ではありますが、その反対に『時』をうまく活かして、私たちの提供する内容をでき得る限り目いっぱいに受け取り、行動しようとする人もいます。私がそのような人たちの意識を垣間見ると、必ず『快』の状態です。もちろん、取り繕ったり張り付けたりという薄っぺらな内容ではありません。決して〝形を取り繕う〟ではないということが理解・体得されています。

やはり大方の想像はついていましたが、沿わせていこうとする人とそうではない人との落差が広がる一方になってきました。

臨界点

何事においても、進化・成長していく過程には臨界点があります。身近な例では、趣味や習い事でも地道に練習・トレーニングを積み重ねると確実に身に付いて、ある時点でグッと上達する場合がありますが、これも一種の臨界点です。私たちが意識を高め、魂を進化・成長させていくために必要な積み重ねは、本質に沿わせること、つまり、高次元（真和氣功センターの先生方や神様）がアドバイス・提供してくださることを、素直に受け容れ、聴き容れることです。よく観て、よく聴いて、よく観察する姿勢で、受け容れる、聴き容れることを、地道にコツコツとやり続けることによって、プラスのエネルギーが確実に蓄積され、あるとき意識のステージが高くなり、魂も一段と密度、輝きを増しているはずです。

受け容れる、聴き容れるとは、高次元からのお導きを正しく受けとめて理解（受振）し、ゆがめずに実践（発振）することです。このことによってプラスのエネルギーが循環し、今の波動の変化と相まって加速度的に魂が充実されていくことでしょう。

★プラスに転じる臨界点とは

＊先生の氣を週一回受けて臨界点に達するまでのおおよその期間

・魂の原子核の集合体が十二個の人＝約三～四年

・魂の原子核の集合体が十八個の人＝約二年
・高次元の体が病んでいると倍かかる
・邪神の子ならもっとかかる（大元の邪神とのつながりを断ち切ってからがスタート）

＊この世の経験を積み重ねて、ある時期がきてから

＊次の三つがバランスを取ってそろったとき
（一）本人の意志
（二）カルマの数
（三）環境（プラス・マイナス関係なく）

臨界点に到達する前に大きな波（試練）がきます。それを乗り越えなければ、今までの経験の積み重ねが一気になくなってしまいます。難問がきたならば、一つずつ挑戦するのみです（何であろうと、とにかく前進していく）。

逆に、マイナスに転じる臨界点も当然あります。

※個人から全体へと広がる場合も臨界点がある（百匹目の猿現象）。
プラスに転じた個人がある程度増えれば、全体へ一気に広がる。

★「分かる」と「知る」

杉本先生から、「分かる」ということと「知る」ということの違いについてお話ししていただいたことがあります。

「分かる」とは、先生方が提供してくださることに対して、言葉や文字などの、表面的な意味で理解すること。先生方がおっしゃったことに対して、「はい、分かりました」と即答する場合は、「分かる」です。

「知る」とは、先生方が、三次元上の伝達ツール（言葉や文字）で提供してくださることを、表面的に理解するのではなく、その中に含まれる本質を感じ取ること。本当の意味を知ることです。

「分かる」をいくら積み重ねても、中心に向かうことはできません。誰しも始めは「分かる」という状態ですが、先生方が提供してくださることや、自分自身や周りに起こる現象を素直に感じ、また、自ら発振をし、本質に沿わせよう、プラスに向かおうと常に意識することで、あるとき、「分かる」から「知る」に変わります。これも、一つの臨界点です。

第二章　アセンションへの道標

氣功療法と高次元の体

この章では、私たちの体の基本的なことを述べていきたいと思います。同時に、氣功療法・真和氣功の施療原理を解説しながら、氣功療法と精神世界とのかかわり、そして高次元とのつながりをひも解いていくことにしましょう。

★真の癒しとは

人間は、物質である肉体と目には見えない高次元の体（エーテル体・アストラル体・メンタル体・コーザル体・魂）で成り立っており、癒しが「肉体」（外面）から「魂」（内面）の方へと進むに従い、『真の癒し』が起きてきます。

★病気の人へ

自分でつくり出したゆがみ・ひずみが結果となって現れたのが病気で、そのゆがみ・ひずみを正すことによって、ほとんどの病気は治ります。

★病気ではない人へ

自らの意識・精神性・霊性を高めることができる人は、真和氣功を受けることによって、凝縮・加速されて意識の視点が高くなり、社会にも還元することができます。ただし、宇宙に存在する波動に自らを沿わせることが必要です。

★氣功療法・真和氣功と高次元の体

私たちの体は、目に見える肉体（三次元の体）と、目に見えない高次元の体である二つの相似形として成り立っています。イメージとしては、肉体を高次元の体であるエーテル体、アストラル体、メンタル体、コーザル体が、順に層を成して包み込むように存在しており、「オーラ」としても認識されます。

杉本先生・小塚先生の真和氣功は、高次元（高いレベル）の宇宙エネルギーを氣功士が中継して受け手に伝えるというもので、肉体のみでなく、高次元の体にまで作用します。

［高次元の体とは］

＊エーテル体（肉体に最も近い層）

・肉体に必要な氣を分解し送る。

（神経・リンパに浸透）

・四次元の意識（感情・欲望など）を肉体へ伝える。

＊アストラル体（四次元の体・意識・幽体）

・感情・欲望・恐怖・自己中心的な自我。

・自分さえよければ…という
ような低い意識。

＊メンタル体

（五次元の体・意識・霊体）

・知識・精神性・信念を重視。

・同じ考えの者同士の結束は固いが、排他的になりやすいのが短所。

（例…宗教）

＊コーザル体

（六次元の体・意識・原因身）

・カルマ（七八頁）・真理・原理・自然の摂理・原因の世界。

・全ての事柄を等しく見ることができる状態の意識。

以上のようなことで、人間の心や意識、カルマなどを司る部分です。また、コーザル体には魂の器としての役割もあります。

《三次元の肉体と相似形である高次元の体》

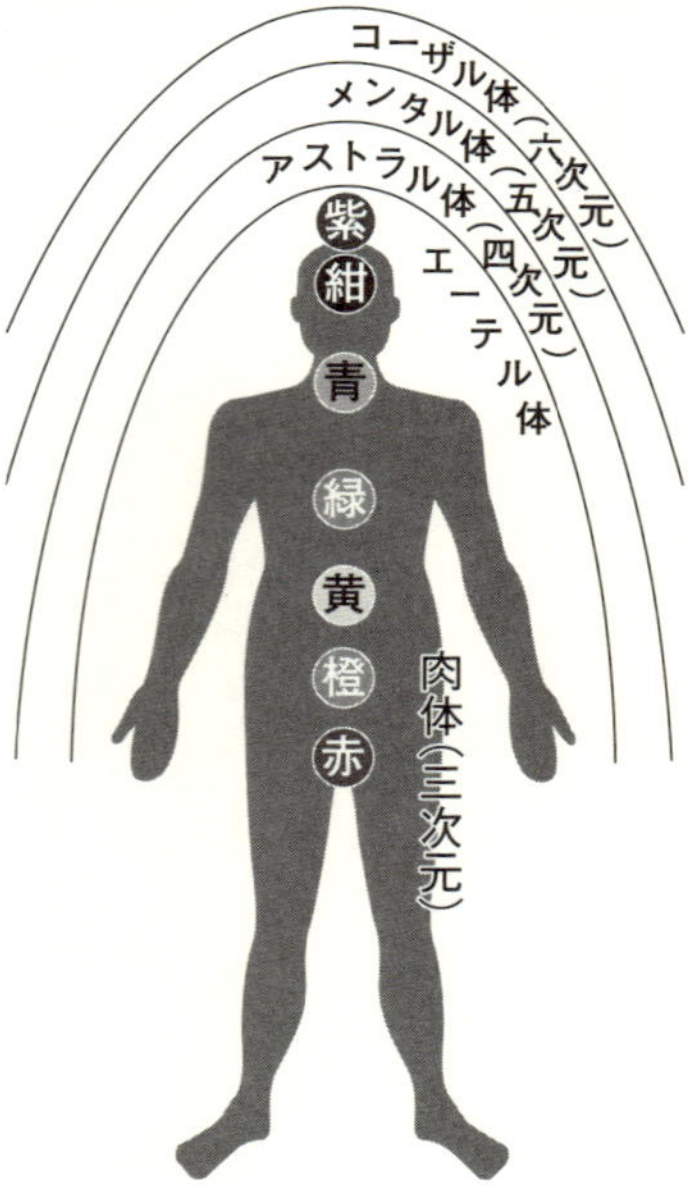

［真和氣功は高次元のゆがみ・ひずみを正す］

体の氣の流れや意識を正すことにより、ＤＮＡの情報が正され、人の体の細胞が正しい情報を持ったものへと徐々に置き変わっていくので、悪性の細胞（癌細胞など）や骨のゆがみ（リウマチなど）も完治していきます。また、悪性の細胞や病原菌などの意識そのものを正し、肉体にマイナスの影響を及ぼす性質をなくすことで、肉体と調和し共存する場合もあります。

病は、心や意識のゆがみ・ひずみからつくられます（主に本人の低い自我が、ゆがみ・ひずみをつくる原因となっています）。つまり、心や意識を司る高次元の体にゆがみ・ひずみが生じ、それが肉体レベルまで下りてくると、目に見える病として現れるわけです。「病は氣から」とはまさにその通りであり、「病気」とは「氣が病んでいる状態」で、「元気」とは「氣が元の状態である」ことなのです。

宇宙の中に存在する私たちは宇宙の法則に基づいて生かされており、当然のことながら、この宇宙の法則から逃れることはできません。宇宙には「レベルの高い方から低い方にエネルギーは流れている。低い方から決して高い方には流れない」という法則があります。つまり、高いレベル（高次元の体）にある原因（ゆがみ・ひずみ）は、必ず低いレベル（肉体）に結果（病）として現れるのです。

西洋医学のように、薬や手術などで患部のみに手を加えたり切り取ったりする行為は、見かけ上、治ったかのように見えますが、実は根本的な解決になっていないことがよくお分かりいただけるかと思います。低いレベルを治しても高いレベルは決して治ることはなく、再び高いレベルの原因が低いレベルに結果をもたらします。

杉本先生・小塚先生の真和氣功による施療は、高次元の体にある原因を正すため、その効果がすぐに低い次元（肉体）に現れない場合もありますが、正された情報は必ず肉体に伝わります。

真和氣功の真髄は、肉体を癒すということよりも、実は高次元のゆがみ・ひずみを正すことにあるのです。肉体を癒すだけの治療（鍼灸やマッサージなど）は、最高でも肉体に最も近いレベルにあるエーテル体にまでしか作用しないので、即効性はありますが、根深い原因まで正すことはできません。ゆがみ・ひずみを根の部分（カルマ）から正さなければ、そのカルマが解消されるまで同じ病の原因を来世以降も延々と引きずってしまうことになります。

ただ、誤解してはいけないのは、真和氣功による施療が全てではないということです。確かに肉体を根本から正すことはできますが、ゆがみ・ひずみをつくり出した本人が意識の改善を行わなければ、再び同じゆがみ・ひずみをつくり出すことは明らかです。本人の意識が変わらなければ、また同じ病になってしまいます。

そこで重要なのが、意識を高めることです。意識が高くなると低い自我をコントロールでき、より広い視野で物事を理解し、行動することができるようになります。つまり、ゆがみ・ひずみをつくらなくなるわけです。

杉本先生・小塚先生の真和氣功には、意識を高めることを助けてくれる効果は十分にありますが、やはり根本にあるのは本人の意識です。本人の努力なくして意識を高め、それを維持していくことはできません。真和氣功による施療を受けると、一時的に意識は上がりますが、本人が何も努力しなければすぐ下がってしまいます。本人の考え方や行動が意識のレベルに見合ったものでなければいけません。せっかく正してもらった体を良くするも悪くするも、最終的には本人次第だということです。肉体を根本から正し、さらに自らを正すことを気付かせてくれるのが、杉本先生・小塚先生の真和氣功なのです。

★私たちが神の子といわれる理由

私たちの意識の奥深くには、真我が生まれる前に〝愛の種〟が植えつけられていて、その種は誰もが持っています。この〝愛の種〟が神様との共通項であり、それ故、私たちを〝神の子〟ということができるのです。〝愛の種〟が早く目覚めるか遅いかは、各自で異なります。「無償の愛＝意識レベルの高さ」につながります（真我⇕自我）。

★高次元の体が病んでいる人について

＊外見の施療は適切な処置をしますが、中身を正さなくてはいけません。
＊正しく理解できない（ピンとこない）のは、どこか壊れている可能性が高いので、壊

れていることを自覚しなければなりません。

＊高次元の体が壊れていると、次のような状態に陥ります。

・コーザル体が壊れていると…

⇓正しいプラスの判断が鈍い。深い意味を理解するのに時間がかかる。

・メンタル体が壊れていると…

⇓物事を深く追究するのが苦手。物事の本質が分からない。

・アストラル体が壊れていると…

⇓高次元のものを吸収して肉体へ送る機能が壊れている。

・エーテル体が壊れていると…

⇓虚弱体質。太陽のプラーナなどを吸収しにくい（氣の巡り・吸収率が悪い）。

★コーザル体は魂の器

＊コーザル体と魂は、常にセットであの世とこの世を行き来しています。

＊コーザル体が必要なくなった状態が七次元以上（ブッディ意識）。

※意識レベルが七次元以上になると、この世に転生しなくてもよくなる（魂が裸の状態でもよくなる）。

・死後、アストラル界に行く人はアストラル体から上を持っている。

※四次元レベルの感情や欲望がクリアできていない人。

・死後、メンタル界に行く人はメンタル体から上を持っている。
※五次元レベルの思い込みがクリアできていない人。
・死後、コーザル界に行く人はコーザル体から上を持っている。
※コーザル体に刻まれたカルマが解消されていない人。
・死後、コーザル界より上に行く人は魂だけになる。
※カルマ、やるべきこと、清算しなければならないことが多いと高い世界に行けない。

＊原子核の集合体＝意識体の集合
※魂と真我は別のものだが、深くつながっている。
※心とは、見えない体を含め一切合切含めたもの（魂とは別）。

カルマの解消

カルマの解消は、私たちの意識を高めるために最低限やらなければならないことの一つであり、なおかつ意識を高めるための一番の近道でもあります。最終的にはカルマをつくり出した本人が意識を正さなければ、また同じカルマをつくり出してしまうので、完全にゆがみを解消できたことにはなりません。まずはカルマを解消することによって、現状陥っている問題、抜け出せない落ち込みや捨て切れないこだわりなどから脱しやすくなります。

カルマの解消と簡単に言いますが、誰にでもできるという内容ではありません。本来ならば、何百回と転生を繰り返しながら、自分自身でカルマを解消していくのが宇宙の法則ですので、他人のカルマに介入できる、しかるべき資格（役割）を持ち、なおかつ高い意識・豊富な知識・優れた技術全てがそろった療法家（指導者）でなければ、カルマを解消することは不可能なのです。

この項では、その「カルマ」について詳しく述べたいと思います。

★カルマとは

人生において、周りの人々に精神的・肉体的に強いダメージを与えたもの、逆に、周りの人々から精神的・肉体的に強いダメージを受けたものが、私たちの意識の奥深く（六次元の体であるコーザル体）に「カルマ」として刻み込まれます。私たち（私たちの魂）は何度もこの世に転生して来ており、前世から数多くのカルマを引き継いで今世に至っています。さらに、先祖のカルマがＤＮＡに情報伝達物質として刻み込まれています。

私たちが何千回も転生を繰り返している理由は、カルマを解消し、霊性（意識）を高めるためであり、意識が高くなるにつれて低い自我をコントロールでき、より広い視野で物事を理解し、行動することができるようになります。過去のカルマを解消すると運気もよくなります。

カルマは本人自ら転生を繰り返しながら解消していくもので、通常一つのカルマを解消するのに五百～六百回の転生が必要です。

★私たちはなぜカルマを解消する必要があるのか

（一）私たちの人格の形成には、カルマが一番大きく影響している。
（二）心の奥深くまで光が入り込んで、高いレベルの意識が生まれやすくなる。
（三）周りの人々との関係が改善されて、調和が取りやすくなる。
（四）健康体になっていく。
（五）周りとの調和が取れて、宇宙とのバランスを保つことができる。
（六）宇宙の意義が分かるようになり、私たちの生活は宇宙との調和が基本にあることが理解できるようになる。
（七）全てのものとの調和が取れるようになる。
（八）霊格とカルマの数に応じて来世転生するときの職業・場所・地位などが決定されていく。

★真和氣功センターの施療によるカルマの解消

私たち（私たちの魂）は何度もこの世に転生してきており、前世から数多くのカルマを引き継いで今世に至っています。前世で刻み込まれたカルマが、あるきっかけで浮き出てくると、さまざまな障害が今世の精神や肉体、私生活に現象として現れます。

例えば、慢性的に首が痛むのに医者では悪いところが見つからない、というようなときは、実は前世で首に大ケガをしていた、あるいは他人の首に大ケガをさせた、また別の例では、ある人と人間関係がどうしてもうまくいかない、というようなときは、前世でも同じように、その人（同じ魂の持ち主）との人間関係が悪かった…という具合です。

このような症状や状況は、当然、現代医学やカウンセリングなどで完全に解消されるはずもなく、前世のカルマを解消する以外に正す手段はありません。

真和氣功センターでは、先生方がカルマを解消してくださいます。「カルマを解消する」とは、前世に起こった事実を抹消するのではなく、そのときの「痛い」「苦しい」「つらい」といった思いを取り除くことです。そうすることで、症状を和らげたり、全くなくしたり、状況を改善したりできるわけです。

催眠療法による「退行催眠」や「前世療法」も、障害となっている原因を過去や前世から探し出して解消するので、「前世のカルマの解消」と結果的には同じことをやっているわけですが、催眠では前世を思い出す人の確率は低く、また必ずしも原因にたどり着くという保障もありません。まして、そのカルマが地球に転生する以前の生（地球以外の星々での生）でつくったものであれば、催眠でその原因にたどり着くことはまず不可能でしょう。

真和氣功センターでは、症状を話せば、小塚先生が神様との通信によって原因となっているカルマを特定してくださり、杉本先生が焦点を定めて確実に浄化してくださるので、一〇〇％解消されます。

このカルマを浄化する能力は、誰にでも与えられるものではありません。本来カルマは、本人自ら転生を繰り返しながら解消していかなければならない、いわば前世のツケであり、私たちはカルマを解消しながら魂を磨き、成長していきます。他人のカルマを解消する（六次元レベルに作用する氣を扱う）ということは、ある意味、この「宇宙の法則」の一つである「進化の法則」において、必要な過程を大幅に省くことになってしまうので、それ相当の資格と資質がなければできないのです。

カルマを解消する能力を持つ杉本先生・小塚先生の真和氣功の素晴らしさと、カルマを解消していただくことの重みをご理解していただけるかと思います。

また、氣を継続して受けて霊格が高くなると、軽いカルマは外氣功中に少しずつ解消されていき、また、新たなカルマをつくることも少なくなります。カルマを解消し、霊格を高め、天命（この世に転生してくるときに、神様と約束した、今世で果たすべき課題）を全うすることが、自分自身（魂）を磨くために必要なことであり、「宇宙の原理・原則」に沿った生き方です。宇宙のレベル（視点）から物事を考えると、健康な人でも、氣を受けることは非常に意味があるのです。

このように考えると、「進化の法則」に従うならば、カルマの解消と霊格を高めることを真和氣功で手伝ってもらっている人は、その分、人一倍天命を全うするために努力し、行動しなければならないことは明らかです。

［外氣功］

真和氣功センターにおける施療の一つで、高次元の氣で場を高め全身で氣を受ける。

宇宙の原理・原則

私たちはどこに存在しているのでしょうか。日本？　地球？　――その大元は宇宙です。どこの世界にもルール・法則があり、それぞれの世界においては、それぞれのルール・法則に則って全てのものが存在し、さまざまなことが起こります。私たちが存在する世界の大元が宇宙である以上、私たちにかかわる全ての世界は、宇宙のルール・法則に基づいて成り立っています。

そのルールとはどういったものなのか、それを明らかにすることで、精神社会でのそれぞれの在り方を見いだすきっかけになるはずです。

★宇宙の法則

宇宙の法則には次の七つがあります。

（一）氣は宇宙エネルギーの一つ。私たちは宇宙の中に存在していて宇宙の外に出ることができない。宇宙に存在しているもの全て宇宙の法則に従って生きることが基本的な使命である。

（二）宇宙はレベルの高い方（魂の原子核の集合体・霊格を含む）から順次低い方へエネルギーが流れている。決して低い方から高い方には流れない。

（三）宇宙の波動は、その時その時の担当する大神様の活動で、全てのものが影響を受ける（今はリラ星の大神様の波動）。

（四）宇宙に存在する神霊・宇宙人・動物・植物・鉱物・霊界の霊・人間は宇宙の進化の法則に従う。

（五）宇宙の進化の法則は、カルマを解消し、霊格を高くして、天命を全うすることである。

（六）宇宙の進化は自ら努力して果たさなければならない。個人個人が努力することにより、神様は平等に結果を与える。

（七）大神様は統括者として順次、エネルギーを流して協力していく。

★宇宙の進化の法則

巨大な原子核の集合体（宇宙の創造主）から分離して、外面世界（現象）を経験しながら内面世界（魂＝原子核の集合体）を充実さ

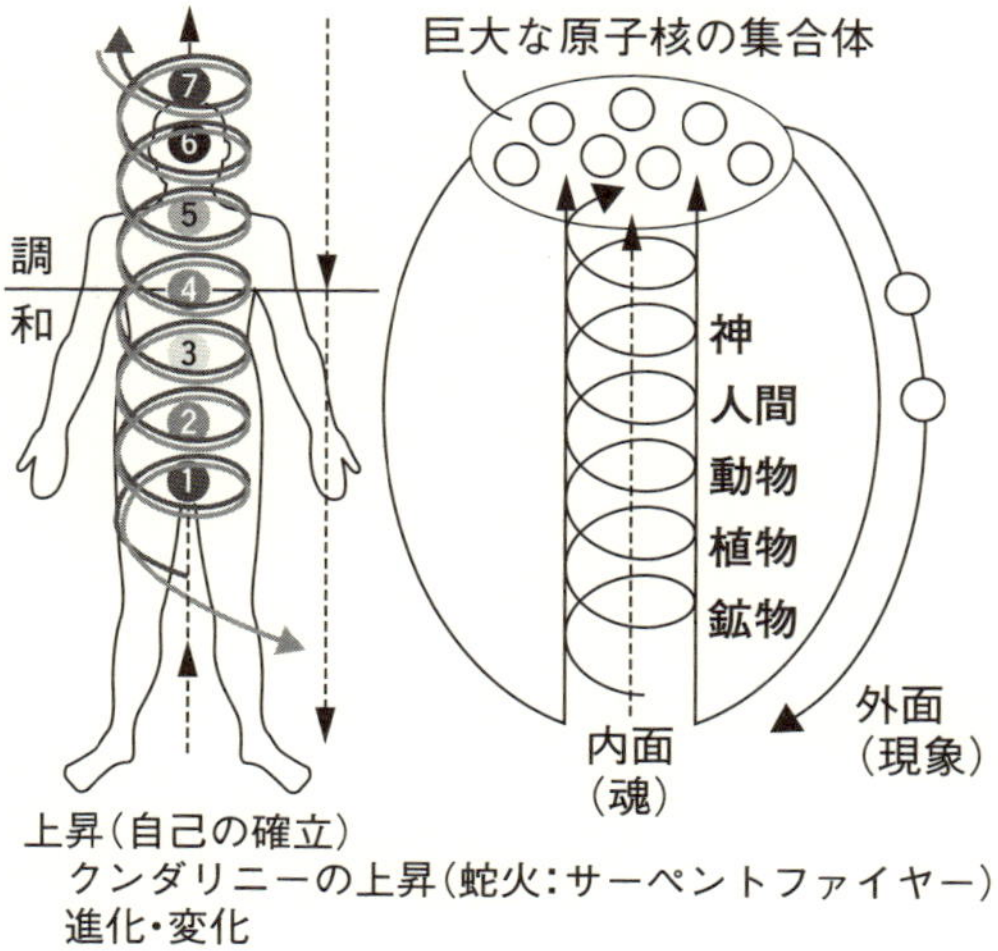

せて、再び巨大な原子核の集合体に戻っていくことが宇宙の進化の法則です。つまり、進化し変化することが宇宙の法則で、一つの所にとどまっていては取り残されてしまいます。自分勝手な思いに浸るのではなく、宇宙の動きに沿わせることが大切です。視野を広く持ちましょう。

「六芒星」＝中性子＝意識＝調和

＋

「出雲文字のウ」＝陽子＝進化・変化＝意志＝愛

＝

杉本先生のマーク⇒進化・変化させる働き

*意識レベルが低い⇒物質にこだわる。肉体・物にこだわる。

*「霊格を高めようとする精神＞逆進化しようとする精神」となるのが霊格8・5以上(周りのマイナス要素にも影響されない)。
マイナス要素は、その人を高めるために存在するので、マイナスをなくせばよい、ということではない（マイナスも必要）。極端にマイナスを排除しようとすると、戦争、殺人が起きたり、邪教が生まれたりする。

*「進化の法則」に沿って、自分を高めていくこと。

*自分個人の問題は、できるだけ自分で解決するようにし、どうしても分からないとき

に先生に聞く。

進化の法則は常に動いていて、いっときも止まっていません。現状維持に甘んじていることは進化の法則に反していることになり、結果的にゆがみ・ひずみ（病や精神の障害など）が大きく浮き上がってくることになります。

★宇宙の原理・原則（本質）

「宇宙の原理・原則（本質）」とは、宇宙の中に存在する全てのものに対して、創造主が宇宙全体を正しく生成・育成するために創られた法則、宇宙の根本的な真理の法則です。

［宇宙の原理・原則］

＊愛と調和（全てのものに含まれている共通の要素）が基本です。

・根本的法則（七個）……大原則で変えることができない。宇宙に存在しているもの全てに当てはまる。

・基本的法則（十五個）…個々（人間・動物・植物・鉱物）のレベルに応じて適用される法則。

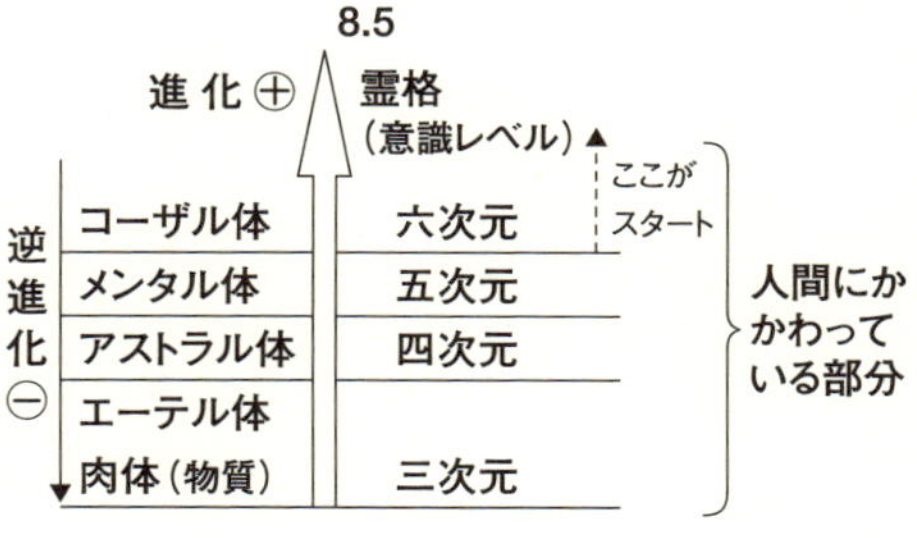

［根本的法則］

宇宙全体は縦横に網の目のように張り巡らされた法則と秩序で成り立っています。その中で重要な法則は七つあります。私たちは宇宙の中に存在しています。宇宙の外に出ることはできません。宇宙の原理・原則に沿って生きるのが基本的な条件です。

一、エネルギーの法則

宇宙のエネルギーは、

（一）エネルギーは高い方から低い方にしか流れません。決して低い方から高い方には流れません。

（二）エネルギーは常に循環させなければいけません。エネルギーをため込んでも不足しても良い状態にはなりません。

★正しいエネルギーの流れ

（一）創造主

（二）七柱の高次元の大神様（リラの大神様含む）

（三）十五柱の高次元の大神様

（四）十柱の大神様

（五）杉本先生・小塚先生、そのほか下生している二名の神々
（六）天火明命《アメノホアカリノミコト》以下、そのほか九柱の神々
（七）守護神
（八）先祖霊
（九）本人

＊エネルギーは高い方から低い方に流れています。

今回はリラの大神様が統括者としてエネルギーを送っています。今回の宇宙の大きな変化では、全てを統括できる能力がリラの大神様が秀でているためにリラの大神様が働いています。これは今回限りで、いつもではありません。交代があります。

二、進化の法則

それぞれの宇宙に存在する全ての神霊たち、宇宙人、動物、植物、鉱物、霊界の霊、私たち人間も全て、それぞれの器（魂）をさらに大きくして成長していくのが進化の法則です。個人個人が努力した結果、神様は平等に結果を与えます。

三、カルマの法則

今まで自分がつくったゆがみ・ひずみ（カルマ）を解消して天命を全うすることです。

四、共存・共栄の法則

お互いが協力し合い、助け合って成長していくことです。

五、愛と調和の法則

真に相手のためを思い、利他的行動をし、尊重し合いながら調和を取っていく宇宙の根本的な大きな法則です。

六、宇宙全体の統括者の法則

宇宙全体に順次エネルギーを送っている神々は、順次高いレベルの指導者に従わなければなりません。

七、プラスの神々とマイナスの神々（邪神）の法則

宇宙はお互いの勉強のため、プラスとマイナスがバランスを取り合っています。これを無視して法則を破った場合、（特に邪神側は）消滅させてもよいとされています。

顕在意識・潜在意識・超意識

〝自分〟とは何でしょう。自分であると自覚できるものが自分の全てだと思っていませんか？　実は、それは自分のほんの一部にしかすぎません。本当の自分は自覚できない部分にあり、そこが自分の大半を占めています。では、自分を良くしていくとはどういうことでしょうか？　自覚できる自分（肉体や顕在意識）を正しているだけでは、全くもって不十分であることになります。この自覚できない自分を知ることが、本当の自分を見つめる第一歩になります。

★意識について

	脳波振動数	状態	意識	内容
自覚的	γ《ガンマ》波 30Hz 以上	興奮状態	顕在意識 ①	今世での経験。正しくは、母親の胎内に魂が宿ってから現在に至るまで。ただし、強烈な前世の記憶も印象に残っていることがある。
	β《ベータ》波 14 〜 30Hz	日常生活の状態		
無自覚的	α《アルファ》波 8 〜 14Hz	リラックス状態	潜在意識 ②	前世と（地球以外の）星での経験が刻み込まれている。肉体の恒常性の維持を司る（体の状態を正常に保つ）。
	θ《シータ》波 4 〜 8 Hz	まどろみの状態	超意識 ③	魂＝高次元（未来）宇宙とのつながり・一体感。
	δ《デルタ》波 0.4 〜 4 Hz	深い昏睡状態		

※①と②は、自分の肉体を維持しよう（自分自身を安全に保とう）とする意識。

・本人が思い込んでいる〝意識〟の状態

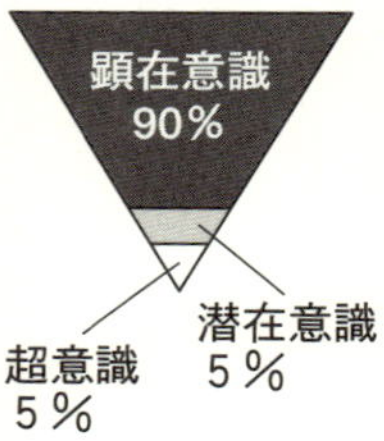

・実態

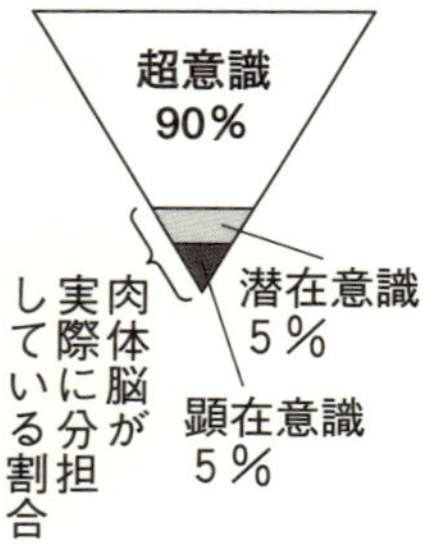

・五感……肉体（三次元）の感覚（視覚・聴覚・味覚・触覚・嗅覚）

・第六感…エーテル体・アストラル体（四次元）・メンタル体（五次元）・コーザル体（六次元）での感覚＝直感

・第七感…魂での感覚＝直観

★意識は高く　意志は強く

＊確かなもの（自分・人）、つまり自分の中にある確かなものを信じる。

＊不確かなもの（自分・人）は当てにしない（信じない）。

←

不確かなものを当てにすると〝確実なもの〟まで揺らいでしまう。

↓ センタリングのズレ

※〝確実なもの〟とは、自分の中にある確かなもののこと。

・病気が治った。

・あの人（先生）は絶対、人を裏切らない（信用・信頼できる）。

・自分のモノサシで先生を判断しない…など。

＊確実なもの（原理・原則・法則に基づいたもの）＝秩序

ポジティブ・プラス…調和

⟺

＊不確実なもの（原理・原則・法則に基づいたものではない）＝無秩序

ネガティブ・マイナス…不調和

※全てが必然で、偶然・不確実と思えることとは、マイナスからの、あるいは、次元・意識の低さからの足の引っ張りです。

↓

※意識は高く、意志は強く持つこと！

「意志の強さ≠自我の強さ＝意識の低さ」

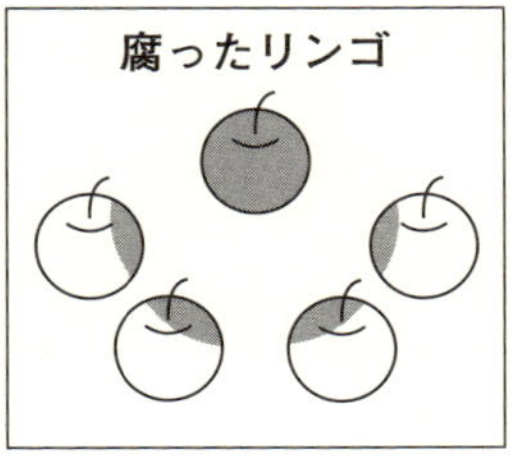

リンゴの中に腐ったリンゴがあると、良いリンゴも駄目にしてしまいます。このことは、自分の中身にも、自分対他人にも当てはまります（＝相似形［フラクタル］の構図）。

霊格

霊格とは、私たちの意識レベルを測る一つのバロメーターです。霊格によって示される数値が高ければ、その人の意識レベルは高いということになります。霊格が高くなることで、真和氣功センターの先生方や神様が提供してくださる高次元の内容やエネルギーを受け容れやすくなり、霊的な進化・成長につなげていくことができます。

気をつけなければならない点は、霊格は一定ではないということです。神様は各個人の霊格の最高値を数値として示してくださり、真和氣功センターで氣を受けているだけでも霊格は上がっていきますが、最高値の高さに安心して自分自身の霊格の最低値を見極め、底上げしていくことを怠れば、四次元レベル、五次元レベルといった低い意識に引きずられてしまい、進化の階段を一気に転がり落ちてしまうことにもなりかねません。

低い意識は私たちが住む三次元界の価値観や常識と非常に同調しやすい要素を持ち合わせていますので、この引っ張りは強烈です。霊格を底上げし、常に安定した意識状態でいられることを、取り組むべき最優先課題としなければなりません。

★霊格＝意識の段階

霊格	意識段階
3〜3.9	自我や物質的なこだわりが非常に強く、物質に惑わされやすい。
4〜4.9	非常に自我が強く自己中心的で、自分さえ良ければよいという考えが強い。
5〜5.9	物事に対して錯覚に陥りやすく、自分の実力以上に自分を評価してしまう傾向にある。宗教などでは同じ考え方の者同士の結束が固く、他の意見は受け容れようとしない。
6〜6.9	自分は自分の能力以上であると錯覚していたのが、自分の周りや現実に気付き始め、物事に対して少しずつこだわりがなくなり、広い視野で考え、判断できるようになり始める。
7〜7.9	自分の本質に沿って生きようと理解し努力し始める。
8〜8.9	自分の本質に沿って高いものとつながりを持ちたいと願いつつ、不動心を養い相手に対して思いやりを持ち、相手に対して協力しようという姿勢になっていく。
その他	本質的には意識レベルが高いのにもかかわらず、他人から見るとどうも…という人は、その人のカルマが強く浮き出て性格を形成している場合がある。カルマを一つ一つ解消していくことによって、その人の本質が現れる。

※霊格（意識）が高くなるにつれて低い自我をコントロールでき、より広い視野で物事を理解し、行動することができる。

※霊格が高くなればなるほど下の方にエネルギーを還元しなければならない。（宇宙の法則）

※神様は、霊格について、その人にとって励みとなるように最高値を示してくださる。

※霊格は時間や状況の変化に応じて最高値から最低値の間を揺れ動いている。

★霊格について

＊霊格のパターン

（Ａ）〈振幅が大きい〉　例）霊格４〜８・５の間を時とともに推移

最も多いタイプ。振幅を少なくし霊格を安定させるには、特に、霊格８・５以上の人は、四次元・五次元・六次元レベルの意識状態とはどういうことかを再確認し、自分の苦手なところをまず克服すること。

（Ｂ）〈低目安定型〉　例）霊格４前後で安定している状態

振幅は少ないが、頑冥でなかなか真理が理解できず、また伝わらない人。霊格を高めるには、まず神様、先生、または先輩格の経験者の言うことを素直に聴き容れること（その反対だから霊格が低い）。

（Ｃ）〈理想的な状態〉　例）霊格７で安定している状態

感情・欲望・知識・経験による思い込み、またはカルマ・前世などに左右されない不動心があり、六次元・五次元・四次元・三次元の体をすべてコントロールできる真我（神我）が芽生えている人。

＊霊格を判断する基準

（一）その人がいかに本人を守護している神（守護神）に近づくよう努力をしているか。

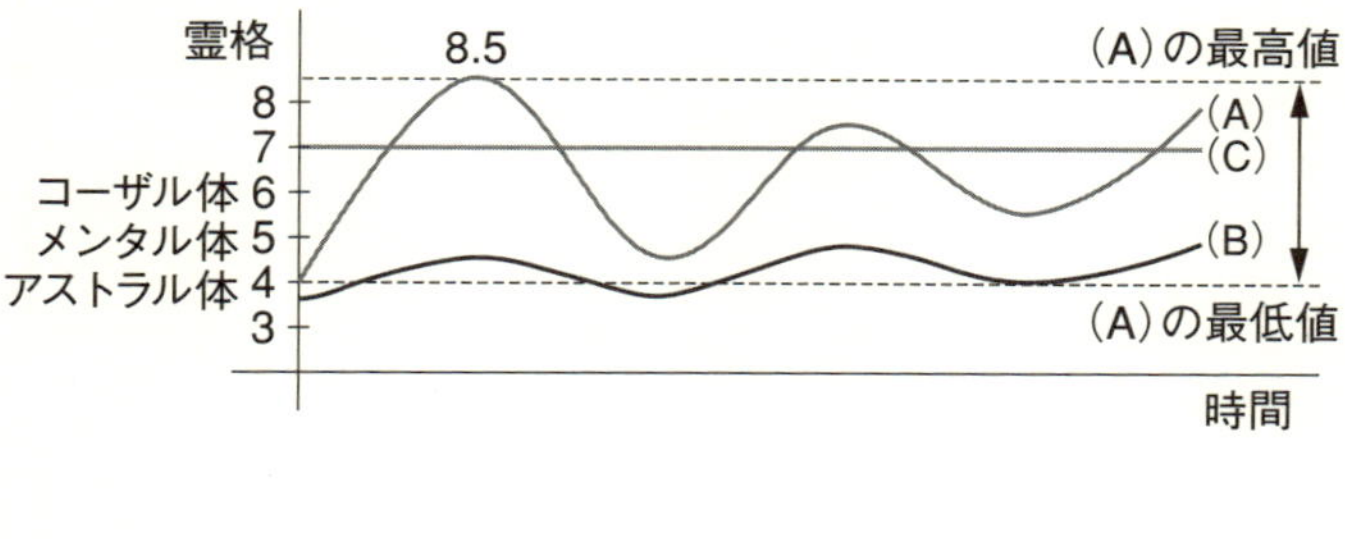

（二）いかに正しい行動と判断で日常生活を過ごしているか。
（三）いかに物事に対して真剣に努力しているか。
そのほかにもありますが、大まかに以上の三点です。

＊霊格が高くなるということは……

（一）魂が浄まって物事を正しく判断できるようになり、それに伴い正しい行動が取れるようになる。
（二）人と人との調和が取れるようになる。
（三）人を愛し慈しみ、思いやりの心が生まれる。
（四）自分の心掛け次第で病気をつくり出すことがなくなる。
（五）物事に対して取り組むその瞬間瞬間、常に真剣になれる。

＊霊格を高めるための条件

（一）広い視野で観る。傍観者であってはならない。常に提供者であること。常に本質に沿っているかどうかを意識すること。地道にコツコツと提供者であること。…が近道です。これからは確実に努力して勉強しないと波動の変化についていけなくなる。
（二）時は刻々と変化している。私たちも変わらなければならない。
（三）人は皆守られている。守られているからといえども殻を破って成長していかなければならない。

［霊格は落ちるのは早い］

一度クリアした課題は、再度霊格を上げようとしたときにクリアして当然なので、さらに努力が必要です。よって、今できることをすぐに、確実に実行すること。その上で自分を見つめ直し、苦手なことを克服しなければなりません。

★意識について

今後は精神社会です。霊格は、霊的な魂のレベルの高さに比例します。

・霊格と人間性（人間としての器）は別。

⇒霊格と人間性が一致するのは霊格8・5以上。

・人間としての器をしっかりつくってから霊性を高めるようにすること。

霊格を高めると、相手を傷つけませんしカルマをつくりません。また、仕事、生活にかかわる小塚先生の情報（神様から伝えられた情報）は、素直に従うことによって精神社会に対応しやすくなります。

アセンション

今現在、地球は宇宙規模の大イベントに向けて急速に変化をしています。地球を取り巻く波動が物質的な性質から精神的な性質に変化し、かつ、はるか長いサイクルの中で地球がフォトンベルトに突入するこの時期でしか迎えることのできない貴重なイベントです。このイベントは宇宙の進化の法則に則って行われ、避けて通ることはできません。私たちが意識を高めるのは、このイベントを成功させるためでもあります。

ただ、このイベントも進化の過程における一つの通過点でしかありません。また、高次元から見れば、それほど次元の高いイベントではありませんが、私たち人間の現状からかんがみると、とてもハードルの高いものであることに間違いありません。

この大イベント＝アセンション（次元上昇）とは、どのようなものなのでしょうか。

★アセンションとは

アセンションとは、宇宙に存在するものたちの次元上昇です。次元上昇（自分たちが根本的に持っている意識レベルの向上）とは、宇宙の進化の法則の一つです。同じところにとどまっていては進歩がないので、常に困難を乗り越えて上を目指していくのです。たとえ神様でさえ、レベルに応じて困難なことにぶつかり、それを乗り越えて次元上昇するのです。私たちも全く同様です。楽な方に逃げてはいけません。宇宙に存在するものたち全てが、いろいろな環境や条件を与えられて学び取り、魂の成長に備えるのです。

例えば人間の場合、輪廻転生を繰り返し、男性として生まれたり女性として生まれたりして、いろいろなことを学び、人間としての器を整えながら魂を成長させていきます。二万五千七百三十六年の間、何回も衝撃を与えながら、宇宙全体の流れに沿うようにアセンションに向かっていくのです。

星によってアセンションの周期が違います。今回は地球という星が特に望んだのです。他の星がアセンションするときは、地球も協力します。一つの星がアセンションを望んだときは、宇宙全体に存在するものたちの協力体制が必要ですから、星と宇宙の協力がなければ実行されません。

アセンションは宇宙の大イベントです。アセンションする星は、宇宙に存在するものたちの、またとない魂の修行の場ですから、皆その星に降りて各自の魂を磨くことを望むのです。私たちは、すっかり当初の目的（天命）を忘れています。アセンションは宇宙の法則の一つですから、誰でもいつかは必ずクリアしなければならない魂の修行なのです。

病気も気付きのメッセージの一つです。困難を避けてはいけません。どんなことも乗り越えていく強い不動心が必要で、横道にそれてはいけません。

※過去六回、地球がアセンションに失敗している原因
・宇宙の協力が得られなかった
・大神様の統括力が足りなかった
・地球人の意識レベルが低過ぎた
※今回のアセンションでは地球が四次元レベルに次元上昇する

★アセンションについて

地球はアルシオネ（プレアデス星団の中心星）の影響を受けていて、次元上昇（アセンション）のために螺旋形を描きながら上昇しています。また、アルシオネからの強い波動によって地軸が三十五度傾いています。シューマン共振数とは、アルシオネから出す波動と北極星から出す波動がぶつかり合い干渉されたブレのことです。現在7・6Ｈｚですが、恐らく最終的には、水瓶座の波動が影響している間に12・6Ｈｚにまで上昇します。

シューマン共振数が12・6Ｈｚに上昇すると、潜在意識の状態が顕在意識として現れてくるので、心の底で思っていることが表面に出てきたり、外氣功を受けているときや、瞑想をしているときの意識の状態が普段の意識状態となるため、顕在意識が働いている状態でありながら、高次元からの情報が伝わってきたりします。

今までの地球人の意識レベルの中心は、主にアストラル体（四次元の意識）、つまり感情・

欲望・恐怖といった自己中心的な低い自我に意識の主体がありましたが、アセンション後はメンタル体（五次元の意識）中心の意識レベルへと変わります。したがって、今のうちに四次元レベルの意識を完全に克服することが必要です。

　今、アルシオネの出す強い波動の影響を受けて、アストラル体（四次元）にため込まれたマイナスのエネルギーを開放するために、一人ひとりに課せられた問題が社会現象として現れ、四次元レベルの意識を克服できたかが問われているのです。苦手なことを避けたり、感情や欲望の赴くままに行動したりしていてはアセンション後の世界へは行けません。強い意志と行動力で前進あるのみです。

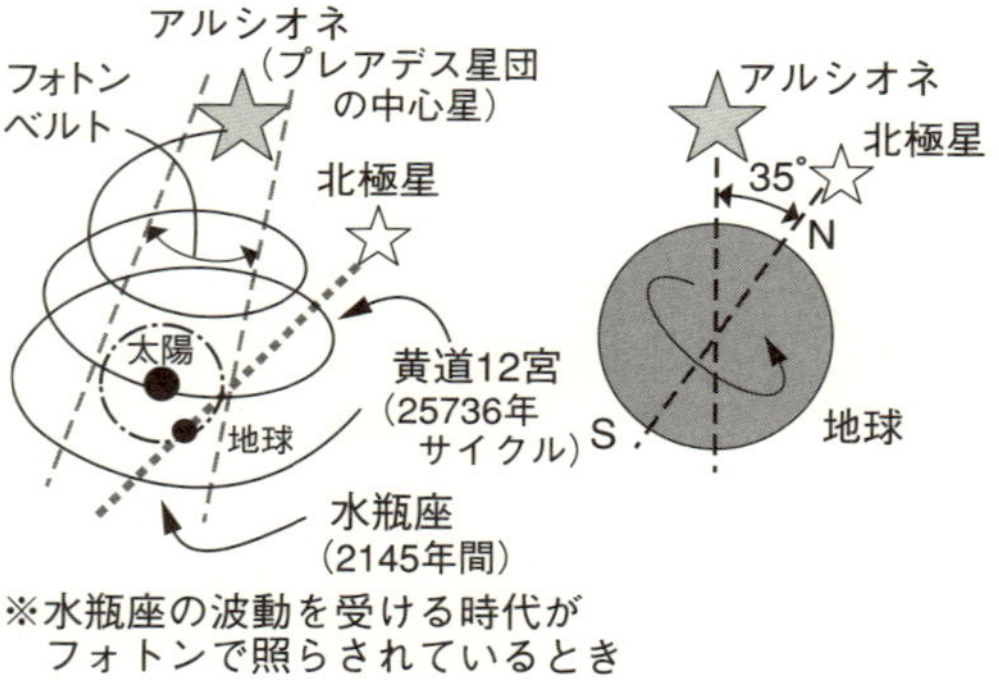

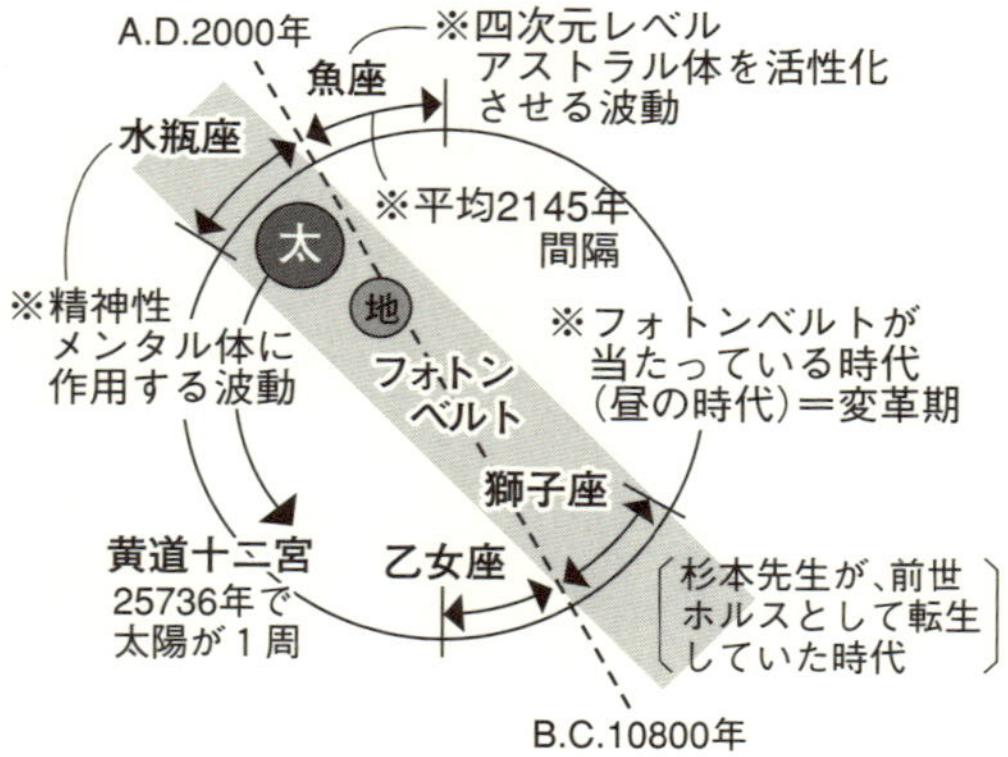

★地球の人口の増加について

今回、地球は大変革をして、新しい時代に向かおうとしています。これは宇宙の周期で二万五千七百三十六年ごとに実施される、魂のレベルアップの絶好のチャンスです。この機会を逃がすと、次のチャンスまでに、また二万五千七百三十六年待たなければなりません。私たちの魂をレベルアップするには、天命を全うしてカルマを解消することです。人間としての器も整えなければいけません。

過去に、アセンションは六回試みましたが、成功しませんでした。その理由は、地球人の意識のレベルの低さと、星々の協力態勢が整わなかったからです。今回七回目ですが、地球は決意し、星々も協力することに同意しました。今回は、またとない魂のレベルアップの時期であるため、霊層界にとどまっていた未熟な霊や、動物の魂から進化した霊、他の星々から地球人として修行するために飛来して来る魂たちが、発展途上国に肉体の器を用意され生まれているため、地球の人口が圧倒的に増えてきているのです。

地球よりレベルの高い星々から、本来指導的役割として降りて来ている魂もいますが、長い間の転生で自分の天命を忘れたり、さびついたりして、孤独感に陥ったり横道にそれたりしてしまう場合があります。また、高い能力を持っているにもかかわらずマイナスの存在とつながり、私利私欲に走ってしまう場合もあります。

センタリング

センタリングとは、正しい意識の在り方の基本です。センタリングがきちんと合うことで、高次元とのエネルギーのつながりが正しく確立され、自分自身を正しく進化・成長させていくことができます。しかし、センタリングがズレていると、マイナス（低級霊や邪神・邪鬼）とつながってしまったり、病気になったりしてしまいます。

正しくセンタリングを合わせるためには、まずは真和氣功センターの先生方がおっしゃることを素直に受け容れることから始めましょう。一見簡単なことのようですが、人間の低い意識ではセンタリングを合わせ続けることは至難の業です。

真和氣功センターでは、波動の上昇、先生方のレベルアップに伴い、私たちの考えが及ぶ範囲での今までの常識がどんどん変化していきます。今まで分からなかったことも段階に応じて分かってきます。この変化によって、自分自身の本質（魂）に対して、思いもよらなかった現実（このことを、まず現実として受けとめることができるかどうかも問題です）が突然に突きつけられるかもしれません。このようなことを、表面的な部分や自我（自分本位な考え）でとらえてしまい、今までと言っていることが違うと感じたり、自分はそうではないと受け容れなかったりしてしまうと、本人の意識の中にあるグレーゾーン（どっちつかず・優柔不断な意識状態）の「黒」の部分がどんどん拡大されて、意識は真和氣功センター（本質）からどんどん離れていってしまいます。

（まだ経験の浅い人は特に）まずは先生方がおっしゃることをそのまま受け取って、真和氣功センターとのかかわりを続けていくうちに、以前に先生方がおっしゃっていたことが分かる時がきます。よって、経験の浅い人も中堅もベテランも、粘り強く続けなければいけません。続けていれば、思わぬ展開（変化や経験）からふと自分自身の心に染み込む（分かる）時がきます。それを待たずして自らの都合によって、自ら切り捨ててしまうことは、本当にもったいないことです。この、思わぬ展開（変化や経験）は絶えることなく続くのだということを考えると、正しく導いてくださる真和氣功センターから離れることなど到底できないはずです。本人の姿勢さえ常にきちんとしていれば、展開（変化や経験）の積み重ねから臨界点に到達し、大きな変化（進化・レベルアップ）をもたらすことでしょう。

くどいようですが、センタリングを合わせるための基本姿勢は、まず「素直に受け容れる」ことです。そして、センタリングをズラすことなく歩んでいくためには「よく観て、よく聴いて、よく観察する」こと。その上で自分の価値観で物事を推し量らずに、真和氣功センターで提供していただいている内容と常に照らし合わせ、先生方に確認することが大切です。

★センタリングとは

センタリングを合わせるということは、宇宙の原理・原則の基本に沿わせることです。センタリングができていれば、高次元からの情報を得ることができ、余計な回り道をすることなく意識を高めていくことができます。本来は回り道をする必要がありません。

［心と体のセンタリング］

心・体を常にエネルギーの中心に置くことによって、高い次元に引き上げてくれます。

［ニュートラルな状態］

真和氣功センターの杉本先生は、自分自身を「ニュートラルな状態」に保つように心掛けていらっしゃいます。「ニュートラルな状態」とは、センタリングができた人の次の段階です（二〇頁）。また、「悟り」とは、カルマから解放されて七次元の意識レベルに到達した状態をいいます。

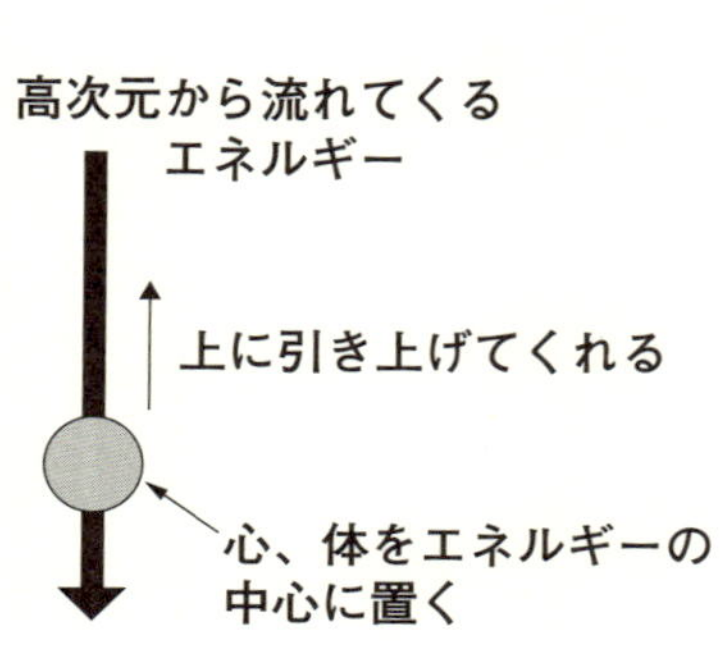

受け容れる・聴き容れる

素直に受け容れる・聴き容れること、これが真和氣功センターでの施療を通じて学ぶために最低限必要なことです。しかし、この最低限必要な姿勢を貫くことでさえ、私たち人間にとっては難しいことなのです。編者は、受け容れる・聴き容れることについて、次のような姿勢・考えでいます。

真和氣功センターの先生方と私たちとでは次元の違いがあり過ぎるので、私自身、一〇〇％先生方のおっしゃることを受け容れることができているとは思いませんが、自分なりの段階で、ストレートに受け取れるだけのものは逃さず受け取ろうという姿勢で真和氣功センターとかかわらせていただいています。かといって、剛直に身構えているわけではありません。身構えると自分の感情、思い、あるいは先入観のようなものが入り交じって吸収できません。当然、先生方が発する三次元の言葉そのものを、言葉として理解しようとします。この段階で既に間違ったり、ゆがめた受け取り方をしてしまったりする人もいますが、これでは、三次元のコミュニケーションですらままならないということになってしまいます。

先生方や神様が文字や言葉、メッセージや映像として発せられた内容を、真和氣功センターでの過去の経験や、学んだ知識と照らし合わせるのですが、その際に、照らし合わせる対象がズレたものでないか、よくよく注意する必要があります。ズレてしまうと、提供していただいたことが「分かった」つもりでいても、結局はただの自己満足や勘違いといったものになってしまいます。このズレは、なかなか自分では気付くことが難しいので、先生方への確認作業が必要です。

提供していただいた内容が、現段階ではよく分からない場合は、自分の持ち合わせた理論・理屈・知識・価値観であれこれ考えず、そのまま漠然とおっしゃる通りに受けとめます。そして、漠然と受けとめたものも含めて、自分自身の行動・判断の基準とすると、やがて漠然としか分からなかった内容が、後から「あ〜、そういうことか」と分かり、身に付く時がきます。これでようやく「知る」ということになります。

自分の理論・理屈・知識・価値観を持ち込まず、常に先生方に沿わせようとする意識状態でなければ、先生方がおっしゃることを素直に受け容れる・聴き容れることはできません。先生方がよくおっしゃるように、自分の都合の良いところだけ受け取って「分かった」、また自分の都合の良いようにねじ曲げて受け取って「分かった」というのでは、一向に先に進みません。急激な波動の変化に伴い、受け取る側の姿勢がますます厳しく問われてきます。

受けとめる姿勢に『打算』がないか、よくよく掘り下げてみる必要があります。〝自分の都合〟や〝ねじ曲げ〟の根底には、『打算』という行動原理が根深く関与しています。そして『恐怖心』や『保身』が、『打算』をベースとしたものの考え方や行動を維持しようと一生懸命働きます。そこには邪鬼や邪神、低級霊などのマイナスが共振・共鳴し、引き合います。マイナスのネットワークづくりです。波動がプラスに変化しようとすればするほど、それに抵抗しようとする思いも増大し、マイナスを増幅させることになります。素直に受け容れる・聴き容れることは、プラスに向かうための入り口です。これができなければ、どうにもなりません。

真和氣功センターにお世話になっていながら、本人の意識に変化がないということは、受け容れることを拒否していることにほかなりません。自我の強さ故に、真和氣功センターから提供していただくことを自分の理論・理屈・知識・価値観に当てはめて「分かった」つもりになっている、あるいは、変化することに対して何かしら身にまとう（面と向かわない・スルッと横道に逃げる）ことで対処してしまっています。

根深いカルマなど、素直になれない理由があれば浄化する必要がありますし、過去を清算するのと同時に、今現在の自分自身の意識をしっかりと強く持って取り組まなければいけません。真和氣功センターの教えでは、「意識の強さ≠自我の強さ＝意識の低さ」です。

★受け取り方の違い

大抵の人たちは、まず自分自身の受け取り方がザルであることをしっかりと自覚しなければいけません。また、このような人たちは、過去に先生方が提供してくださった事柄や自分自身の経験に、栄養となることが全て含まれているのにもかかわらず、新しいものを提供してもらうことしか考えていません。時間の経過とともに大事なことを見逃し、振り返ってみることす

＊杉本先生のエネルギー（氣）・言葉…などを受け取る量の違いについて
※受け取ることのできる量をパーセンテージで表すと…

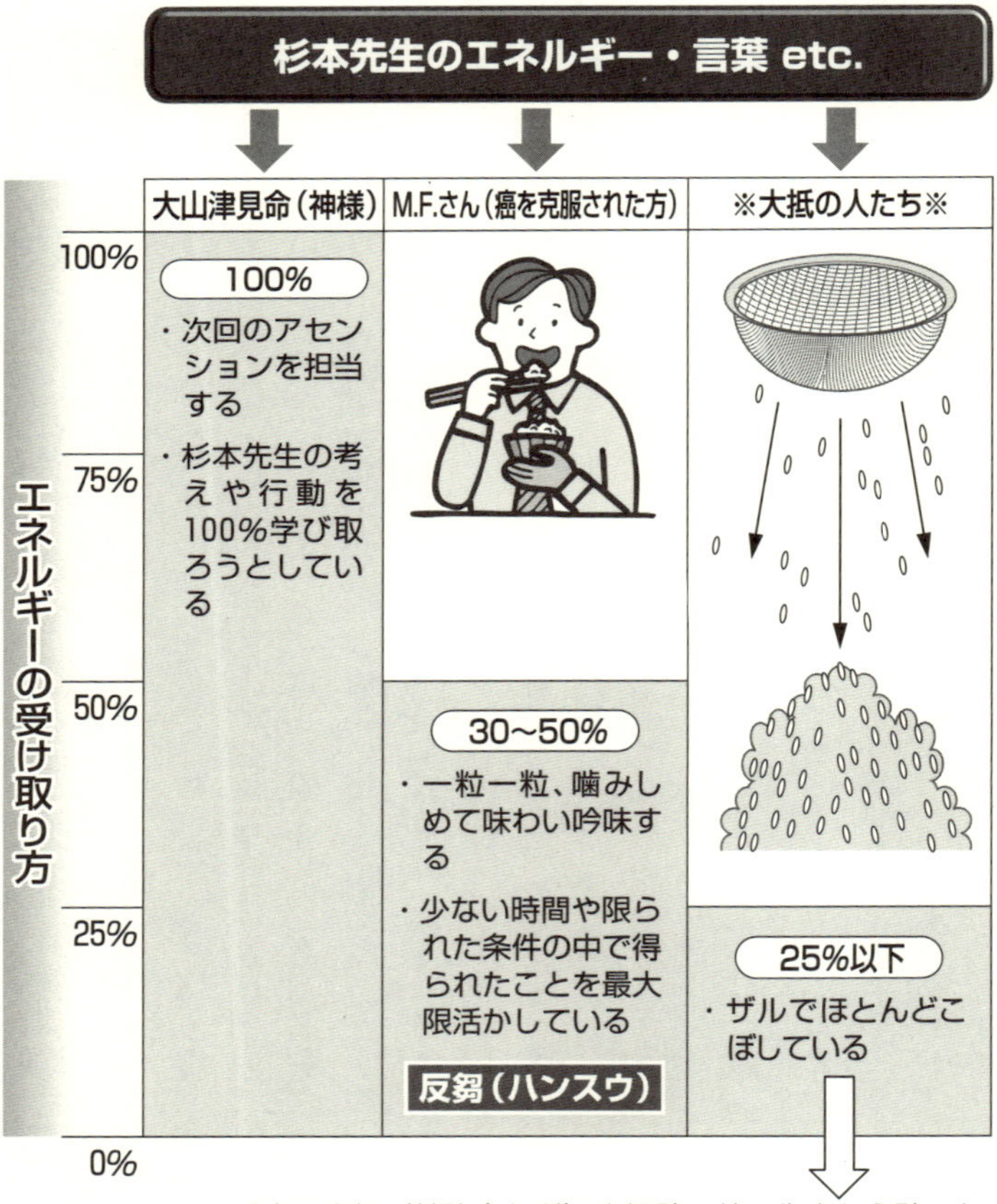

杉本先生のエネルギー・言葉 etc.
エネルギーの受け取り方
100%
75%
50%
25%
0%
大山津見命（神様）
100%
・次回のアセンションを担当する
・杉本先生の考えや行動を100%学び取ろうとしている
M.F.さん（癌を克服された方）
30～50%
・一粒一粒、噛みしめて味わい吟味する
・少ない時間や限られた条件の中で得られたことを最大限活かしている
反芻（ハンスウ）
※大抵の人たち※
25%以下
・ザルでほとんどこぼしている

※過去の事柄（勉強会など）や経験、前に先生から聴いたことに、栄養となることが全て含まれているのに、新しいことを提供してもらうことしか考えない。

らしないのです。非常にもったいないことを平気でしています。

しっかり受けとめて、振り返ってみることのできる器を自分でつくらなければなりません。理解しよう、吸収しようという姿勢が大切です。


目の粗いザルでほとんどこぼしてしまっている人たちは、無駄に時間やお金を費やすばかりでなく、自ら努力・工夫もしません。そればかりか、先生方や周りの人から与えてもらうことしか考えません。自らを変えたり分かろうとしたりもしないで、結果だけを望んでも良くなるはずがありません。「1＋2＝3ではない」という理屈をつくり上げている人が多いのです。つまり、自分の考えで本質をねじ曲げてしまっています。まず素直に受け取ることが肝心です。

★善意の粘り強さ（真和氣功センター　杉本眞人先生より）

その人の行動原理（意志）の中に『善意の粘り強さ』≒『愛・強い意志』を持っている人たちがいます。現在はまだ芽生えつつある段階の人たちもいるでしょう。

この『善意の粘り強さ』の対極に位置する人たちがいます。それは『打算』を行動原理にしている人たちです。この人たちは意志が弱くて（＝芯のなさ）何事にも、もろさが出てきます。『打算』と、一口に言っても各自においては個々のケースでいろいろありますからそれぞれで掘り下げなければなりません。

『打算』で真和氣功センターとかかわっていた人たちはやがて、ついていけなくなる時が必ずやってきます。『打算』を克服して転じれば『善意の粘り強さ』が芽生えてくる可能性もあります。そのためには『どうありたいか』を明確にして、どのような場面においてもこの気持ちを持続し続けるのみです。

★植物の素直さについて（真和氣功センターに通っていたKさんより）

九月の中ごろから、杉本先生の氣の入ったCDを在宅の際には常にリピートで流しています。それから一カ月後くらいに、家の中で起こった変化をお伝えします。

自宅のリビングに観葉植物「ポトス」の鉢が三つあります。
Aの鉢は以前から非常に元気で、茎も葉もしっかり生き生きしていました。
Bの鉢はAほどではないですが、バランスの良い育ち方をしていました。
Cの鉢はなぜかどんどん枯れて茎が一本残っているのみでした。

CDをかけ始めて一カ月後くらいから、三つの鉢の元気な茎から「新しい葉」が青々と出てきました。今までになかったことなので、驚いていましたが、もっと感動したのが、Cの枯れた部分の土の中から新しい「新芽」が生まれてきたことです。この新芽を見るたびに「生命力」を感じます。日に日に成長しています。新芽の葉はCDプレーヤーの方向に向いているのも印象的です。CDからの杉本先生の氣を受け、吸収した結果、植物の「新たな生命」が芽吹いた事例だと思います。

先日、一日コースを受けた際、オーラが見える別の人から次のようなコメントがありました。

「先程の女性は、施療を受けながら杉本先生の氣を受け容れず、吸収せず、跳ね返していましたよ」

自然・宇宙エネルギーを素直に受け取るという点では、「人間よりも植物のほうが優れている」と言えるかもしれません。素直な姿勢で氣を受け容れると、生命力の向上に直結していくのだろう、ということを「観葉植物の新芽」と「気を跳ね返してしまう人」の対比の中で感じます。

この件に関する杉本先生からのコメントをつけ加えさせていただきます。

「自分の思いで私の氣を跳ね返してしまう人間よりも植物の方がよほど素直に受け取っていることの実証と、その違いに気がつかねばなりません。人間はある意味、植物以下でしょうか?」

内観

魂を磨くために三次元界に肉体を持って生まれた人間は、人生を全うするにあたり、先祖、守護神などの私たちよりも次元の高い存在から常にサポート、お導きをいただいています。私たちの常識や価値観からは推し量ることなどできないほどの、深く大きな愛で見守られ、導かれているのです。また、人間を高い次元へと導く使命を持って下生されている真和氣功センターの先生方も同様、不動の意志、真の愛を持って、真和氣功センターにお世話になる人たちをはじめとした、そこにつながる多くの存在を導き、サポートしてくださっています。

しかし、自分自身の意識を高め、魂を磨くためには、サポートやお導きなど、いただくものをいただいているだけでは全く進歩はありません。サポートやお導きを素直に受け容れ、それに沿わせて自分自身の内面をしっかりと見つめ、正していくことが必要です。そのために、内省・内観を行います。本当の自分自身（本心）を知り、ゆがみを正しく認識したうえで正していくことが、プラスに進化するための順序です。周りにとらわれず、フワフワと理想を追い求めず、はるか先のことばかり望まず、地にしっかりと足を着けて、自分自身を観るということを怠らないようにしましょう。この積み重ねが意識の次元上昇につながります。

内観は、大抵の人にとっては、つらく厳しいと感じられる作業です。また、表面的な浅い部分のみ見つめて内観していると勘違いする人も相当います。やっているつもりの堂々巡りにならないよう、そして、高次元や先生方のサポート・お導きを活かし、未来へとつなげていけるように、内観を正しく理解したうえで実践してください。

★高次元から見た正しい内観の在り方（真和氣功センター　杉本眞人先生・小塚厚子先生より）

内宇宙（心の内側）と外宇宙（高次元）をつなげていくことを『内観』といいます。内宇宙と外宇宙は反転した相似形で成り立っており、自分の内側に向かって内宇宙を充実させ、意識レベルを高くしていくと外宇宙へと自然につながっていきます。

内宇宙を創造し、充実させていくためには、

（一）自分たちが抱えている心のゆがみ・ひずみ（ごう慢・自我・こだわり・その他）を正して、マイナスの想念をつくり出さないようにしていきます。

（二）さらに中身を充実させ、愛の密度を濃くすることによって意識レベルが高くなり、自然と外宇宙へとつながっていきます。

★自分でできる意識レベルの向上・カルマの解消法

ステップ（一）

・自分の内なる神（魂）を探し求め、顕在意識（肉体脳）と太いパイプをつなげる＝内省・内観。

※真和氣功センターでは、先生方が魂（＝神）から引き出したことを提供してくださいます。

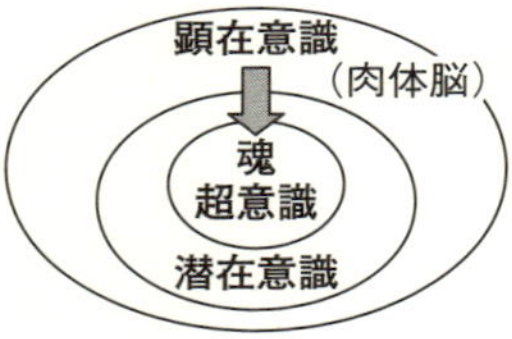

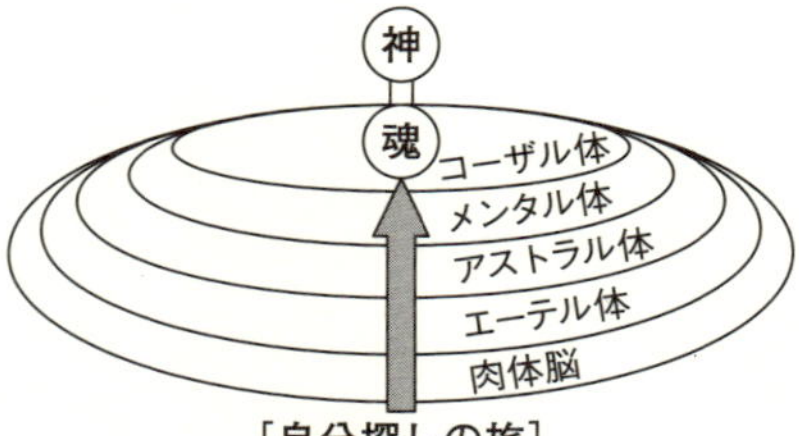

［自分探しの旅］

ステップ（二）

・内なる神（魂）は、各自の神（守護神）とつながっていることが分かる。

さらに、同胞とつながっていることも分かる。

※守護神は、複数の魂を受け持っている。

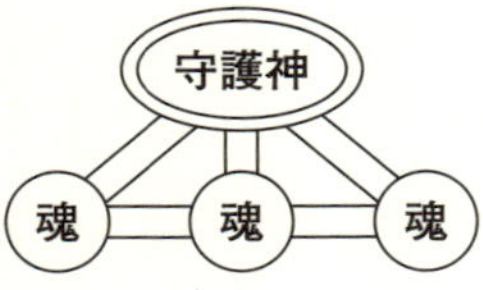

ステップ（三）

・ステップ（二）の構造が分かると、自分が他人や未熟な魂ともつながっていることが分かる。したがって、プラスの行為や思いも、またマイナスの行為や思いも、相手だけではなく、自分にも返ってくることが分かる（カルマの法則）。

ステップ（四）

・積極的にプラスの行為や思いを発する。（＊今すぐにでも実行せよ！）

高次元の体が壊れている場合は自分で修復できる。

★失敗を活かせる人・活かせない人（真和氣功センター　杉本眞人先生より）

失敗を活かせる人と活かせない人がいます。これは、私が今までに散々取り上げてきた、

『本質に沿わせる』⇕『本質に沿わせない』
『センタリングのできた人』⇕『ズレた人』
『プラス』⇕『マイナス』
『変わる人』⇕『変わらない人』
『分かる人』⇕『分からない人』
『聴き容れる』⇕『聴き容れない』
『白』⇕『黒』
『失敗を活かせる人』⇕『失敗を活かせない人』

と、同様に分類ができます。

失敗自体は誰にでもあります。失敗することが一方的に悪いわけではありません。また、失敗を恐れていては『変わらない』『分からない』『聴き容れない』ことにもなりかねません。

『未来則』と『経験則』（五八頁）という言葉がありますが、未来則とは高次元からの情報を活かし、現実化、実行していくことをいいます。経験則とは過去の経験から現在の行動や考え方が決まり、未来のことも過去の経験や考え方を推し進めていくことをいいます。経験則自体が悪いことでも間違いということでもありませんが、時や場面で臨機応変に柔軟に構えていくことが必要になります。

同じく、失敗する（した）経験も本来は反面教師としての栄養になります。

そこで問題は、『失敗を活かせる人』と『失敗を活かせない人』の違いです。『失敗を活かせる人』は、失敗をすることによって次へとつながっていきますから、意識や視野の広さ、視点の高さや角度を変えることに大いに役に立ちます。一方、『失敗を活かせない人』は失敗することによっていじけて萎縮してしまったりして、何度でも同じ過ちを繰り返します。したがって、意志や意識、視野の広さ、視点の高さや角度などが変わるまでには至りません。

では、なぜ失敗を活かせないのでしょうか?

（一）自分は失敗や過ちと思わない。
（二）失敗や過ちぐらい誰にでもある。大目に見てほしい。

(三) 気にしないで忘れてしまう。
(四) 自分の好きなように、やりたいようにする。
(五) 私が想像できない特殊な事情など。

とにかく、自分で掘り下げて同じことを繰り返さないようにしなければお決まりのコースしかありません。

また、真和氣功センターをドロップアウトをする人たちは、目先の自分の思い(思い込み)にとらわれています。

幸せ・不幸せ　／　楽しい・つらい、苦しい　／　快・不快
温かい・冷たい　／　平穏無事・波乱万丈　…など

長い目で見た場合、先々では逆転してしまうことが十分考えられます。カルマの法則や目先の思いや考えにとらわれ振り回されていることに本人たちは気が付きません。目先の現象や思いにとらわれ振り回されないためには、自分自身の芯を築き、私たちが提供する事柄を栄養として、コミュニケーションの段階を深めていくことが必要です。たとえ先々の事柄や長い目で見た価値が分からなかったとしても、今、あなたが『どうありたいか』ということと、『やる』を選択し続けた場合は、目先の現象や思いにとらわれたり振り回されたりすることがないはず

です。

単純な筋道をねじ曲げてしまっている場合は、自分自身で解決ができるはずです。実行するのもしないのも、自分自身しかありません。実行しないことの屁理屈や言い訳は、『時』や『カルマ』には一切通用しません。

★快・不快について（真和氣功センター　杉本眞人先生より）

皆さんにとって、何かをするときに楽しい（快）と感じながら行動をする場合と、苦しい（不快）と感じながら行動をする場合があると思います。当然のことながら、前者（快）は健康に良いばかりだけではなく時間的にも長続きします。反対に後者（不快）は長時間過ごすことは誰でも避けたいと思われるでしょう。もちろん健康に良いはずがありません（ごく一部の例外＝マゾの人はこの限りではありません）。

真和氣功センターに通っている人たちのうち、心底楽しみながらかかわっている人がどれほどいることでしょうか。本当はつらい・苦しい思いをしているのに、表面上は取り繕ったり意識のすり替えをしたりしながら『楽しい』と思うことは、本心・本音に反します。

一方で、本心から楽しんで真和氣功センターに通っている子供たちはどうでしょうか？ 遠隔療法もしかりで、子供の方が大人よりも改善が早くて、場合によっては知的障害や精神障害と診断されていたにもかかわらず、全く正常になってしまうケースもあります（私とは高次元のコミュニケーションが成立しているので、決して大人のように顕在意識で理解しようとしたり、跳ね返したりしません)。

心底楽しむことの違いをよくよく感じ取ってください。その違いが結果となって現れます。ただし、目先のつらさ・苦しさから逃げたり、意識のすり替えをしたりしてしまうと自ら泥沼に入り込み重症化してしまいます。


そこで、本当に泥沼からはい出したいのならば、
(一) なぜ自分は目先のつらさ・苦しさから逃げ出したいのか。
(二) なぜ自分は意識のすり替えをしてしまうのか。

これらのことを、徹底的に自分で冷徹に見つめることが必須となります。人から指摘されたところで、自ら認めなければ意味がありません。顕在意識を正しく使う意味でも、本来は誰でも自覚ができるはずです。また、底の浅い理解や解釈は無益であるばかりではなく、かえって有害になることは言うまでもありません。この当たり前の作業を怠っているからこそ、何度でも同じ間違いを繰り返すのです。

振り返ってみても積み重ねができていない人は、早速この作業をすることをお勧めします。(堂々巡りの人も) 積み重ねができると、変化してきた経緯や過程が自覚できて、いつの間にか、つらさや苦しさが、楽しみに変わってくることが実感できます。

［外氣功中に映像が見える人と見えない人の違い］

＊外氣功中に映像が見える人は、アンタカラーナが健全です。さらに、その人の持っている受振能力が優れています。映像が見える人は、その人の守護神がいかにしたら天命を全うできるか、その都度、教科書の代わりに映像を見せて導いています。それを本人が解釈し、行動に移して実行していかなければ結果は出ませんから、映像を送っても行動しない人は、この人はいくら送っても駄目と思われて映像が届かなくなります。

※邪神・邪鬼からメッセージを受けることもあるので注意が必要。

＊外氣功中に映像が見えない人は、自分の霊格を高くし、カルマを解消し、魂を浄めて、守護神からのメッセージを本人の直観の中に活かし、現実生活の中で実行してください。いずれにせよ、アンタカラーナは非常に重要ですから、いつも健全にしていてください。『見える・見えない』にこだわらず、地道に行動して天命を全うしてください。

アンタカラーナ＝潜在神経
（「架け橋」の意味）

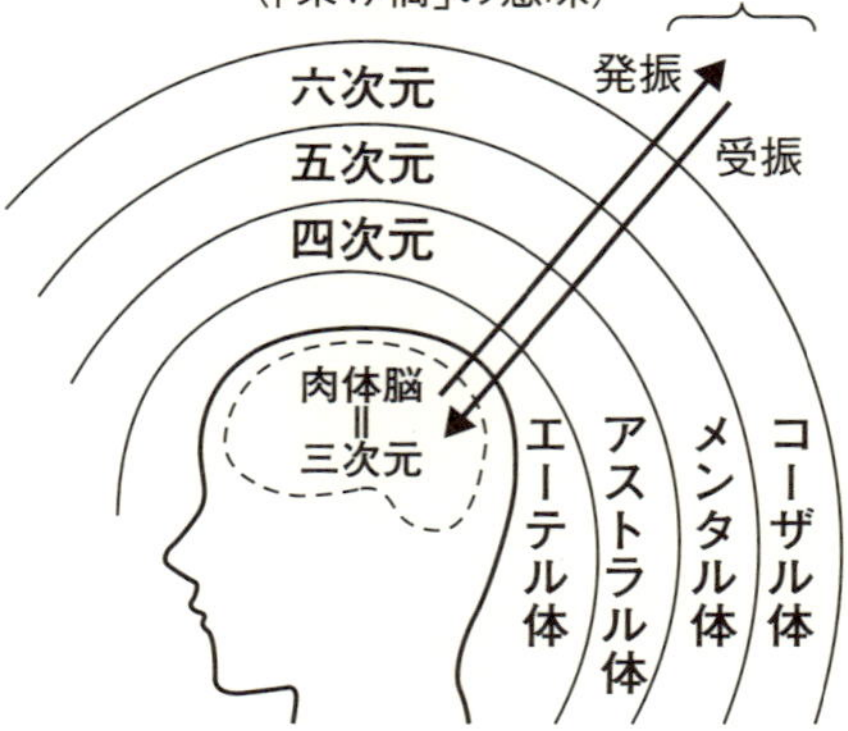

現在、人間の脳は5～10％しか使われていないが、脳と魂、エーテル体、アストラル体、メンタル体、コーザル体へとアンタカラーナが伸びてくると意識が全開する。

※『直感』とは、ただ感じるのみ。低級霊からのメッセージなどを判断するためには『観ること（直観）』が大切。

★［補足説明］（真和氣功センター　杉本眞人先生より）

「氣功療法・真和氣功と高次元の体」の図（七二頁）、および前述「外氣功中に映像が見える人と見えない人の違い」では、体の外に行くにしたがって、高次元の体（意識）が拡大されていく様子が描かれています。そして、「自分でできる意識レベルの向上・カルマの解消法」ステップ（一）の参考図（一一四頁）では、体の内部に向かうにしたがって高次元の体（意識）へと向かう様子が描かれていますが、以下はこの件についての補足説明です。

人間の高次元の体とは、霊的中枢であるチャクラを起点として内部と外部が（メビウスの輪のように）反転していて、いわば、クラインの壷のような形をしています。チャクラの内側から肉体の内部に向かうにしたがって、エーテル体・アストラル体・メンタル体・コーザル体、そして魂になります。一方、チャクラの外側から肉体の外部に向かうにしたがって、エーテル体・アストラル体・メンタル体・コーザル体があります。よって、肉体脳（顕在意識）を使って内観をし、意識が自分の内側へと向かい、それぞれの高次元の体にため込んだゆがみやカルマを解消して、魂（超意識）へとアンタカラーナ（潜在神経）がつながることによって、意識が高くなり、拡大されるのです。中身が充実されなければ意識は高くもならず、拡大もされません。このことは、ロバート・モンローが幽体離脱を経験しながら実証しています。

また、氣（オーラ）が分かる者にとっては（レベルによりますが）、人の外側の高次元の体（氣＝オーラ）に全てその人の情報が書き込まれている（織り込まれている）ので、その人が何を言おうが言うまいが事実や本音がたやすく読み取れるのです。

真に高次元のコミュニケーションが相互にできるようになると、嘘や建前は全く通用しなくなります。なぜならば、内側の思いなど全てお見通しになるからです。そうなると、一番困るのは現代の政治家たちを筆頭に、権力を振るい、人を束ねる地位にある人たちでしょう。

意識の視点

自分自身を本質に沿わせて正しく進化・成長させていくには、まず自分を正しく観る必要があります。自分を正しく観ることができないままにとる行動は、勘違い以外の何ものでもなく、プラスの発振をしているつもりがマイナスを振りまき、カルマをつくってしまっていることさえあります。自分を正しく観ることができないということは、当然相手のことも正しく観ることができず、調和が取れないために正しくエネルギーが循環しません。また、相手のことを自分のこととして照らし合わせて観ることもできません。

相手とのコミュニケーションにおいて、自分から観た視点、相手から観た視点の双方向から場や状況をくみとり、相手とのつながりを持つことが、真のコミュニケーションをするための第一歩です。そのためには、低い意識をコントロールできる意識状態にならなければなりません。ここでは意識の状態とコミュニケーションの関係について述べたいと思います。

★意識の視点について

各意識レベルの段階における意識の視点の状態を以下に示します。

（A＝自己、B＝相手）

*大多数の現在の地球人の視点

※自己中心的で考えのズレた人たちで、アセンション可能な意識レベルになるには、転生回数、経験ともに相当数必要。

※霊格（意識レベル）の最低値が三～四次元レベル。

①自己を中心とした視点で相手が存在する。

A→B【支配】

①´相手から認められる（見られる）ことによって自己が存在する。

A←B【服従】

※①と①´＝一方通行の考え・行動

＊アセンション可能な人の視点
※センタリングのできた人。
※霊格（意識レベル）の最低値が五〜六次元レベル。

②相手に何が必要かをくみ取り自己が提供する。
A⇅B【同化】

※②＝エネルギーが循環する

＊杉本先生の意識の視点（ニュートラル）⇓第七感

③【進化・変化・覚醒を促進する働き】

※指導的立場で下生している人。（Ⓒの位置）
※霊格（意識レベル）の最低値が七次元レベル以上。
※A＝肉体（三次元）の杉本先生が存在しないと、この世（三次元界）への影響・介入は不可能。

★②の図［同化］

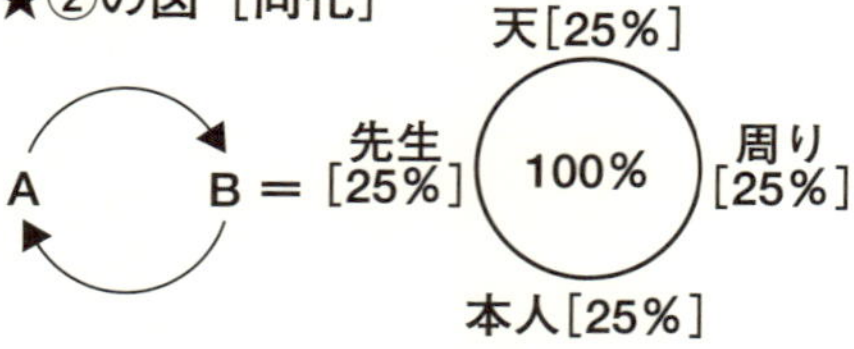

★③の図［杉本先生の意識の視点］

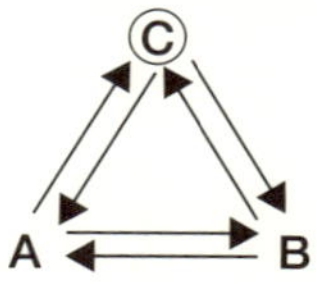

＊②へ進むステップとして

①タイプの人は①′の視点・考えを実行してみる。

①′タイプの人は①の視点・考えを実行してみる。

ただし、いつまでも①、①′の羅列では進歩がない。初めは時間的ズレが生じるが、いずれにせよA、Bの双方からの意識の視点が身に付かなければ意味がない。

※①＋①′＋②＋③＝約六十四億人（地球の人口）
②＋③＝約三〜五億人（アセンション可能な人）

＊①の人で、杉本先生の意識の視点が自分と同じだと思っている人

←

※杉本先生も、当然①の要素を持っている（含んでいる）が、①の人は、その次元の範囲でしか見えない（考えられない）ために、その人にとってはそれが正しいことであると思い込んでしまう。

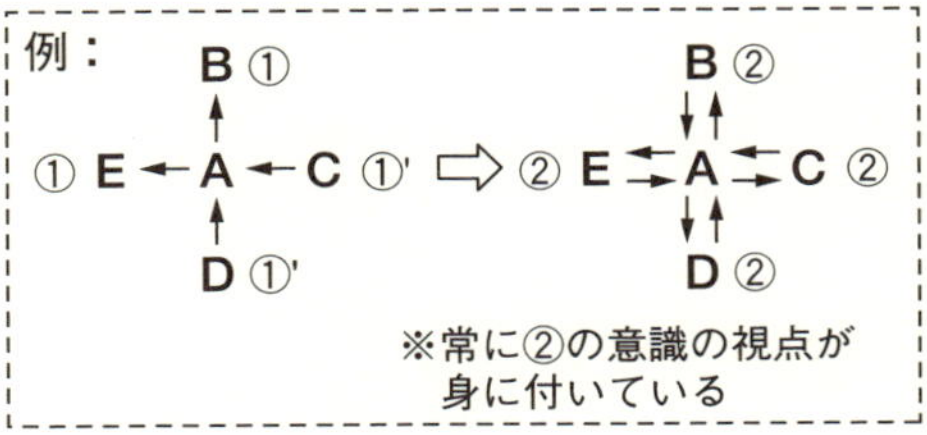

＊②もどき＝②と思い込みやすい間違い
A⇅幻⇅B【グラマー・イリュージョンに陥っている状態】
・グラマー＝自分の思い込んでいる価値を相手に投影したり、押しつけたりしている…幻惑
（四次元レベル）
・イリュージョン＝相手に良かれと思い込んでいる…錯覚（五次元レベル）

例）宗教（＝イリュージョン）
時代・民族・文化などによって常識や価値観が幻を
介している（＝グラマー）

＊③の補足
・杉本先生の氣＝生命の樹（セフィロト）の一部

［〝ある〟と〝いる〟の違い］
・ある→もの（物理的なもの）
・いる→人（意識体）

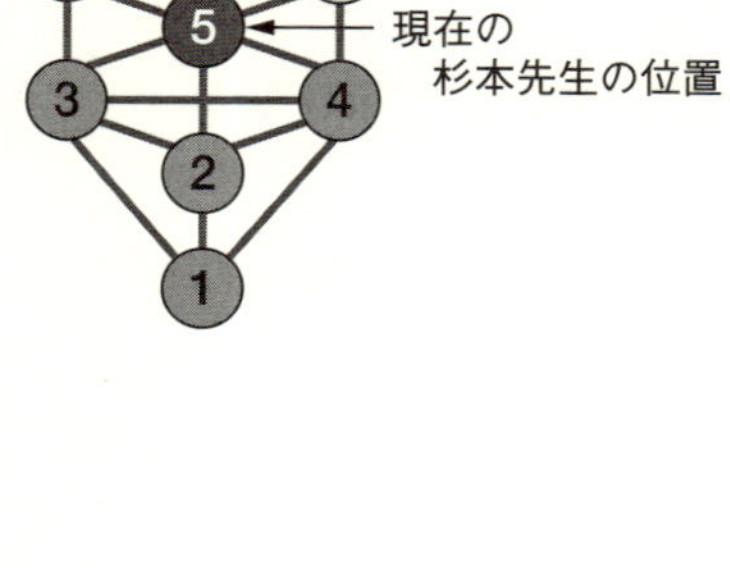

＊杉本先生…肉体は三次元にあるが、意識は二十五次元にいる。
＊○○さんは死んで肉体はこの世にはないが、意識体はあの世にいる。

★「意識の視点について」の補足（真和氣功センター　杉本眞人先生より）

前述「意識の視点について」、②もどき（A⇅幻⇅B）の補足です。

本来の在り方は、A⇅B（A＝自己、B＝相手）となりますが、実際に世の中で幅を利かせているのは、A⇅幻⇅Bになります。自己と相手の関係の間に、お互いに幻を介して（利害を共有して）成り立つ関係を指しています。

具体的に幻とは何か、皆さんも想像してください。身近なところでもいろいろ思いつくことでしょう。実は、この幻を積極的に（常識として）刷り込まれたり、また、個々も幻を追い求めたりしているのがこの世の中（三次元界）ということになります。例えば、A＝ホステス（ホスト）、B＝お客、などは非常に分かりやすいでしょうか。幻＝甘い言葉、雰囲気などで幻が膨らむほど価値あることであり、注がれるお金も比例します（お金も四次元以上の世界からは同じく幻ですよね）。

決して本心・本音を表に出して表現しないで、積極的に幻を間に挟んだ方が価値（勝ち）として評価されてしまいます。このフラクタル（相似形）の構図は政治（政治家）や国家間の条約や宣言文に顕著に現れてきます。本心・本音を出さない方がお互いに摩擦を避ける手段であり、さらには美徳とさえ評価されるにまで至ってしまうのです。今でも世の中にはこの幻を介しての関係がゴロゴロと溢れ返っていることに気が付くはずです。

このA⇅幻⇅Bの関係で、AとBの仲介をしている幻がなくなればどうなると思われますか？　A⇅Bという関係には絶対と言ってよいほどなりません。つまり破綻にしかなり得ませんので、お互いに決裂（喧嘩別れ・戦争など）の運命・結果が待ち受けていることとなります。よって、お互いが利害関係の一致などの本心・本音ではない結びつきの場合は、必ず破綻する結果しかやってきませんので、創造とは正反対の道筋を歩むことになります。しかし、さかのぼれば、人類の歴史においてはこの破綻の繰り返しばかりです。

真に進化・創造の道を歩むためには、A⇅Bが必須の条件となります。そのためには、今の世の中では仮にマイナー派であっても、決して妥協したり臆したりすることなく、正しいことは正しいと遂行せねばなりません。

★新しい医療・教育・行政・経済を動かす人と動く人の条件

（一）霊格が８・５以上の人
（二）利他的行動のできる人
（三）不動心の強い人
（四）正しい判断のできる人
（五）何事にも向上心の強い人
（六）勉強熱心な人

（七）何事にも依存しない人

以上のことが人間的な器としてそろった人たちです。

人間性が磨かれることによって霊格が高くなっていきますが、霊格の高さとその人の人間性が必ずしも一致するとは限りません。霊格が8・5以上になれば、その人の性格・行動・発言がようやく一致してきます。

★穴倉の中の住人たち（真和氣功センター　杉本眞人先生より）

ロバート・モンローや森田健、坂本政道ら、幽体離脱を経験しながらあの世を見てきた人たちの証言と、私が浄化・浄霊や施療を重ねていくうちに分かった内容には共通点があります。それは、意識レベルが低く、とらわれたりこだわり続けたりしている霊や人たちのことです。

彼らは自分にとって居心地の良い世界を築き上げ、そこから一歩も外の世界へ出ようとしないのです。樹の祠《ほこら》や穴倉や洞窟、中には石器時代の原始人と思われる竪穴暮らしを続けている霊たちもいます。しかし、比べてみるとわれわれ現代人もあまり変わりがありません。それは、自分にとって住み心地の良い外界から閉ざされた部屋や家を手放そうとはしないところです。

自分にとって居心地の良い閉ざされた内部の住環境と外界とのかかわりは、常に対立関係にあります。自分を中心として、住み心地の良い環境を外へと拡大させたり、また自分を守るために、外部環境と隔たった身の回りの内部環境を築き上げようとしたりします。生前の考えや環境を死んでも持ち越している霊たちを見ると、現代人も全く変わっていないことに気が付きます。

変わらない人たち・同じ間違いを何度も繰り返す人たち・同じ穴ボコに何度も落ち込む人…彼らにとっては、光の射さない薄暗い穴倉の中の生活の方が、居心地が良いとしか思えません。本人たちの内部環境（内面＝意識）を侵す外部環境（私が提供することを受け容れる・聴き容れること）はただうるさいだけで、断固として排除すべきものとでも思っているのでしょうか（原始時代の住人がいまだに転生もしないで相変わらず竪穴暮らしをしているのと同様に）。

このところ、変化する人・しない人の落差が広がっているのはこのことに由来しているのではないかと思います。

薄暗い穴倉生活の方が、居心地が良くなじむ人［何度も同じ間違いを仕出かす人＝内面（内部）と外面（外部）が対立関係にあり、決して融合しない＝分離］にとって、明るい光の世界を目指す人［内面（内部）と外面（外部）が調和の関係にありすべてのものと共振・共鳴＝統合］は、永遠の憧れでしかないのでしょうか。

★夢・幻の世界（真和氣功センター　杉本眞人先生より）

二〇〇五年四月、シンガポールで遠隔施療を受けていたHさん（男性）が帰国され、真和氣功センターに来ました。シンガポールでも内観を繰り返していたそうです。そこで、Hさんなりに思いが深まったことがありますとのことで、Hさんから「この世（三次元界）は夢・幻の世界ではないでしょうか？」という質問がありました。

私たち大勢の意識の在りかは、せいぜい四次元（グラマー＝幻惑）や五次元（イリュージョン＝錯覚）であり、そこに根差した価値観や思いしかありません。したがって、原因の世界が幻惑や錯覚によるものである以上は、この私たちが住む結果である三次元界も同じく夢・幻にすぎないのではないか、というのがHさんの論拠になります。

確かに、ほとんどの人たちは死後、四次元・五次元界が住処《すみか》としてふさわしい場所になります。よって、このような意識レベルの人たちは肉体があろうがなかろうが、この世もあの世も相変わらず同じ夢・幻の価値観と思いの世界を行き来しているにしかすぎないことになります。転生ができるためにはコーザル（六次元）界まで来なければ、次に赤ちゃんとしてこの世に生まれてきません。しかし、四次元・五次元レベルの意識の在りかがふさわしい人たちは、六次元界の氣・意識・波動は高過ぎて、ほとんど眠ったような状態で六次元界を通過してしまいます。よって、六次元界での一番肝心な要素である自然の摂理・原因・理由・真理などを学び、知るに至りません。そのことから、まだまだ転生回数が必要であり、魂が充実されていないことも分かります。

では、この世の出来事や価値観は一切が夢・幻といえるでしょうか？　否、答えは全てがそうであるとは限らないということになります。非常に稀有ではありますが、六次元以上の思いや価値に根差したものもあります。これがいわば、〝ホンモノ〟ということになります。皆さんも、どれが〝ホンモノ〟か探し当ててください。それ以外が夢・幻でとらわれた意識の人たちにとっての〝常識・掛け替えのない価値あるもの〟ということになります。よって、このような人たちは、生きているときも肉体がなくなったときも、同じく堂々巡りという枠組み内から決して脱出することができません。ここでも、霊格の最高値を活かすことが（実際には活かしてないが故に）、いかに重要なことであるのかが分かるはずです。

愚かな人たちの常識や知識や理屈や顕在意識で分かったつもりなどという生易しい思いは、自然界の摂理には一切通用しません。〝ホンモノ〟を見分ける光線銃（六次元以上の正しいあなたの見識＝意識）で、この世に流布している〝常識・価値観・思い〟などを照らし合わせてみてください。夢・幻＝〝ニセモノ〟はたちまち消えうせてしまうことでしょう。果たして、あなたにとって〝ホンモノ〟は、どれとどれが残ったのでしょうか？ 各自、この作業をお勧めします。

魂の解放

本来自由であるはずの魂に対し、本人の低い意識やカルマ以外にもさまざまな制約・制限が設けられている場合があります。それによって、魂の進化・成長が阻まれたり、その人の本来持つ能力が封じ込められていたりします。この制約・制限には、宇宙の進化の法則に沿って成長していく流れを阻止する手かせ・足かせ的な働きをするものや、その人に必要があって封印として働いているものがあります。

前者の例としては、マイナスから発生した魂に付けられている『ネジ』があります。これは邪神などのマイナスの存在からの一種の封印です。後者の例としては、約一万二千八百年前、杉本先生がホルス神として地球に転生されていたときの部下たちに対して、必要があってホルス神が掛けた封印である『鍵』があります。一万二千八百年の時を経て、波動が変化し地球が次元上昇しようとしているこの変革期に、前世ホルス神であった杉本先生とその部下たちが地球に転生し、当時の部下たちそれぞれが本来持つ能力を活かして地球の進化に貢献すべく、封印である『鍵』を外すために杉本先生の下に集い、学びをいただいています。

マイナスの魂をプラスへと変化させる、あるいはそれぞれの能力を活かして天命を全うするためには、それらを開放しなければなりません。その意味や必要性を理解していただくために、ここでは『ネジ』と『鍵』についてご説明します。

★マイナスから発生した魂でネジ留めされている人について

私たちの魂は、プラスから発生した魂とマイナスから発生した魂が二極化されて存在しています。マイナスから発生した魂の人たちも、最終的には本人の自由意志を尊重しながらプラスへと統合されていきます。これは宇宙の進化の法則です。このことは、最近施療をしていくうちに、マイナスから発生した魂の人たちには、魂の構成要素の一部に（高次元の）ネジが付けられているということから分かってきました。

このネジの意味は、魂の構成要素のうち、もともとマイナスのエネルギーが一〇〇％だったものが、プラスを発振することでプラスのエネルギーに変換され、プラスのエネルギーが八〇％になってしまった人に対し、邪神側がそれ以上プラスにいくことを阻止するためにネジで留めてしまったのです。このネジを開けると、プラスのエネルギーが充実しているために完全にプラスへと変化することができます。このことを『マイナスからプラスへ変わる臨界点』といいます。

この臨界点に達した人たちのネジを開けることのできる人は、

（一）正しい（プラス）側の役目として任命された人で、今回は杉本先生・小塚先生です。
（他の人が開けようとしてもできません）
（二）ネジを開放するための条件として、常日ごろから正しい考えや行動をして、プラスのエネルギーを充満させておかなくてはなりません。
（三）この地球上でネジを付けられてしまった人は、人口の六〇～七〇％（日本人は四〇％くらい）に達しています。

この人たちのネジを開放して、地球をプラスの波動で充実していかなければなりません。この機会を逃したら再びマイナスの道を歩むことになり、次のチャンスである二万五千七百三十六年後を待たなければいけません。この貴重な時期を逃すべきではありません。

★会社経営者のKさん（男性）と杉本先生とのQ&A

(Q) いつもいつも、カルマの浄化ありがとうございます。今日、小塚先生より連絡を受け、説明いただきましたが、再度「封印」されていることについて教えてください。「封印」されている状態とは、どういう状態のことでしょうか?

(A) 思考力・体力・行動力などが一〇〇％発揮されていない状態です。唯一つ残されているのが氣力になります。この場合の氣力とは、具体的に『意志』と『意識』の力を指します。つまり、その人の本質である『魂』が志向する自由には、それこそ悪魔に魂を売り渡すことでもしない限り何人たりとも介入できません。魂が志向する自由だけが唯一残されていて、その周辺部のコーザル体やメンタル体、アストラル体、エーテル体、肉体が不自由であったり、神や邪神によってその働きを制約・制限されていたり、場合によっては自分自身で制約・制限していることです。

(Q) なぜそうなる因を持っているのでしょうか?

(A) 〈①神によって封印された場合〉

その人が本来は神との共通項を魂に多く持ち合わせていながら、自我・ごう慢・冷淡・臆病（恐怖）などのマイナスの思いが下層の体＝意識に頭をもたげてきた場合で、そのままにしておいてはマイナス（邪神）に取り込まれてしまい、能力的に普通よりも秀でているだけに、より強力なマイナスの力を発揮する恐れがあるからです（邪神とは、このようにしてもともと神でありながらマイナス方向への道を選択した存在です）。

〈②邪神によって封印された場合〉

このままでは邪神にとって不都合な事態になりかねないので、その人のいろいろな弱みを突いて（マイナスが入り込み）、本来の正しい能力を発揮させないようにします。ただし、邪神にとって都合の良い邪悪な能力は残しておく場合があります。邪神にとっては、ピラミッド型の支配体制を維持するために、被支配層は不自由な状態であるほうが手下や奴隷として都合が良いからです（魂がマイナスからの出身でプラスへと向かう要素が八〇％になった人に対して、ネジ留めをすることも一種の封印と見なせます）。

〈③自分で封印した場合〉

さまざまですが、自分で自分がコントロールできないぐらいに暴走するのではないかという恐怖心を抱いた場合が多いようです。

（Q）この封印を解いていただけるチャンスとは、どういう意味を持っているのでしょうか？

（A）本来の自分を活かすこと、この世に自分の能力を還元する（天命を全うする）ことです。したがって、本来は優先順位の低いもの、的外れなことに対しての選別が確かなものになりますから、余計な労力を費やさなくなります。ちなみに、鍵を掛けたことと関連しますが、まだ性格的な弱さや脆さがあったりした場合、正しく天命を全うできないばかりだけではなく、間違った方向へ向かいかねません。また、どれだけ優れた才能・能力があったとしても、まだ本人の器が出来上がっていない場合には、周りの低い力に押しつぶされてしまうことにもなりかねません。いろいろな角度・視点から正しく判断できるためには、経験が必要です。上に立つ者が暴走したり、自分自身をコントロールできなかったりするようでは危険が皆に及ぶ恐れもあったためです（もちろん、今Kさんは鍵が開放されていますから、条件的に『時』が満ち足りていることを意味します）。

人の上に立つということは、受振量や発振量も増えることを意味します（利権を貪っているのは、この世とマイナス側の世界だけです）。おかしな世界の構図を真似てはいけません。

自分の内面を正そうとした場合、そう簡単に一直線上に好転するわけではありません。葛藤が起きたり、精神的・体力的に不安定になったりする場合が多いようです。しかし、この不安定な状態も正そうとしたからこそ起きてきていることですから、後から振り返ってみると、一過性の出来事でなぜそのようになったのかを冷静に見つめて、認識できる『時』が必ずやって来ます。はっきり言えば、今が一番つらい『時』でもあり、一番の正念場の『時』でもあります。

『時』＝チャンスですが、今が乗り越えられる『時』というタイミングが設定されていますので、この貴重な波（タイミング）を逃がすというもったいないことをしてはいけません。

また、一方では、変化させまいとして今までの自分を維持させようとする力が五次元以下の体で働きかけてきますので、進化し変化しようという気持ちにブレーキをかけることになります。このような気持ちに引きずられないためには、意識の在りかが最低でも六次元（コーザル）にないと、再び元の自分に引き戻されてしまう恐れもあります。また、周りの人たちから変化することに反対されたり抵抗されたりすることが多々あります。これが、「臨界点の前の大きな試練」でもあり、ゆがみ・ひずみ・カルマが多く出ることによって、自己嫌悪に陥ってしまうことにもなりかねません。

自分一人の力だけで、この状態を脱することは至難の業となります。私たちのフォローに委ねることが一番の懸命な策と思われます。

しかし何回も言いますが、俯瞰した視点から見れば最高のチャンス＝『時』ですので、食いついて離さない心構えが必要です。ただし、何分不安定になりやすいですから、逐一真和氣功センターと連絡を密にされることをお勧めします。いろいろな揺さぶりがあると思いますが、一番大事な『芯』は決して動かしてはいけません（Kさんは変化が早く現れていますので、このままプラスの気持ちを持続させるように努めてください）。

★会社経営者のNさん（男性）と杉本先生とのQ&A

（Q）〝正〟に対して〝反〟があり、それによって一つ高いレベルに上がるという弁証法的に進んでいくのが宇宙の法則であり、それはどんなに高い次元になっても同じである。ただ高次元においては、その〝反〟も三次元のように分かりやすいことでなく、もっと巧妙なものになっていく、ということですが（一六五頁）、その〝反〟というのは、自分に気付きを与えてくれるさまざまなことだと思います。そうすると、大きくいうと、病気や邪神など含めて、世の中でいう不幸や悪いことです。そうすると、宇宙の法則においては邪神も人や霊に成長を促すために機能するものであり、世の中には不必要なものは存在していない、ということになりませんでしょうか。

（A）マクロの視点からはその通りです。ただ、人間のレベルからは、「だから何でもありで、何でもかんでもやりたい放題好きにしてもよい」というわけにはいきません。それは、詭弁になります。

宇宙には全て法則や秩序が存在します。無秩序はマクロの視点からは一過性の出来事にしかすぎません。人間が進化・統合されるために備えなければならない条件は私たちが提供している内容ですから、遠回りをするよりも結果への早道だと思います。

（Q）三次元的な経験をたくさん積んでいくと、その経験の点の集積は円環になっていくが、本質はその円上にはなく真ん中の中心点にある。普通はそこに何もないと思ってしまうので気が付きにくい。それが中庸ということで、調和であり、チャクラの4番が大事だというのも、そういう理由である、とのことですが、その中心点を確認する感覚は、二次元に対して高さの感覚を持つことが早道なのか、二次元で中心点を確かな感覚にしていくのがもっと重要なのでしょうか。その場合、その中心点は仏教で言う〝空〟みたいなことに近いのでしょうか。

常に、極端な方向に流されずに、ニュートラルに正しい方向を選択していくという態度が重要なのか、自分のことを考えるのと同じぐらい相手や周りのことも考えるという調和の方が大事なのでしょうか。

(A) 私の氣は〝火〟〝風〟〝空〟の性質を強く持ち合わせています。これは、私の前世の一つであるエジプトのホルス神のときの性質が今生もよく出ているからです。

〝地〟…エーテルレベルの氣
〝水〟…アストラル(四次元)レベルの氣
〝火〟…メンタル(五次元)レベルの氣
〝風〟…コーザル(六次元)レベルの氣
〝空〟…ブッディ(七次元)レベル以上の氣

または、〝地・水・火・風〟を統括するもの、場

このように、本来の〝空〟とは私たち六次元までの体（高次元）＝四大元素（地・水・火・風）を統括するもの、場を指しています。〝空〟の位置はピラミッドの〝カタチ〟の頂点で、底面の二次元の正方形（地・水・火・風）＝円環と同じ意味から等距離に位置して、しかも「高さ」を持つ（備える）＝上の次元だからこそ統括できるのです。このことをペンタープ・システム（五進法）といいます。↓一・二・三・四と進み、五は一つ位（次元）が上がり、その位（次元）の始まりの一である。

金剛界曼荼羅の図を思い出してください。大円の中に小円が五つあって、サイコロの五の〝カタチ〟に配置デザインされたもので、中央の円は周りの四つの円の要素を全て包含し、統括するものを表しており、位（次元）が一段階上であることを二次元上の〝カタチ〟である「円」を通して宇宙の進化システムを表現したものです。

必然的に、二次元上の円の中心に位置取りできることとは、一段階上がらなければできませんので、同時に「高さ」も併せ持つことになります。そのことにより、相手のことも、自分のことも等しく、またニュートラルの意識（七次元以上）も同時に可能となります。

（Q）松下幸之助の本を例にお聞きしたいのですが、三次元においても正しい道というのを自分で内観、模索しながら徳を積んで人格を上げていく努力をしていけば、結果としてそれが本質に沿っていくといえるのでしょうか。それともやはり、本質に沿うということが霊格を高めるということであれば、徳を積んで人格を上げるという行為とは全く違う行為なのでしょうか。

その部分を特にお聞きしたいのは、本質に向かうという行為が、もともと人間の性向としてセットされているものなのか、やはり選ばれた特別な人にしか許されないものなのか知りたいということと、自分が今、仕事に打ち込んでいるという行為（自分では純粋だと思っているのですが）、もしくは人が社会である役割（仕事）を持って、それに対して色んなことを乗り越えていくという行為は、本質にとって意味がないことなのでしょうか。

（A）松下幸之助個人の霊格自体はあまり高くありません。しかし、彼の生き方・内観・模索しながら徳を積み重ねての結果が本質に沿わせていく道を歩む例として見るならば、確かにこれも選択肢の一つで間違いではありません。世間一般の人たちは、このように漸進的に（ゆるやかに）経験を通して、やがていつかは本質へと向かう道筋を見つけて歩むケースが多いといえます。

本質へと向かう要素は、あらかじめ誰にもセットされていますが、凍結されているために、解除するに至るまでのさまざまな条件をクリアしなければ機能しません。

本質へと向かう内在する羅針盤（コンパス）＝ナビゲーターみたいなものと思ってください。皆さんは初心者であったり、見習い中であったり、まだいろいろと先輩格の人から教えてもらわないと独り立ちができない方が多い段階です。しかも、ナビゲーターがあっても使い方が分からず、説明書もないのが今の世の中だと思ってください。自動車に例えると、各人それぞれにハンドルを握ったりアクセルを踏んだりする自由として、『意志』や『意識』があります。目では見えない遠い目的地にたどり着こうとするのに、目の前に映る景色を追い掛けながら走り続けているのが今の世の中です。

まさに試行錯誤ですね。何が起きてくるかハラハラ・ドキドキです。車の運転に慣れた人や、ナビゲーターの扱いをよく知っている者から見れば、やがていつかは目的地にたどり着くことができるかもしれませんが、危険この上もないくらいに危なっかしいことなのです。よって、本人任せの選択肢もマクロの視点からはありとしても、今アセンションを控えての『時』を悠長にあれこれと過ごしている場合ではありません。そこで、先輩格の私たちが外部のナビゲーターとして助手席に座り、指示・指導をしているのです。

このように、車の運転を知らなかったり、ナビゲーターの扱い方も分からなかったりする人たちを指導し正しく導けることは、かつての初心者が経験を積んで先輩・先生として教えることができることと、宇宙的構図・構造（宇宙の進化システム）とシンクロしています。

★ネジを開いてマイナスの魂からプラスの魂に変わった人たちへ（真和氣功センター　小塚厚子先生より）

マイナスの魂からプラスの魂に変わった人たちは、今まで自分で努力して、ネジで留められていた部分を杉本先生に開いていただくことでプラスの魂に変わることができました。さらに愛の密度を濃くして、真のプラスの魂として高次元から認められる人になっていくことが、進化していくことにつながっていきます。

波動の変化によって内面のゆがみ・ひずみを正しながら、プラスを発振して魂の愛の密度を少しでも濃くしていく努力をしなければ、また邪神とつながり、再びマイナスの魂に戻る可能性があります。

★鍵を開放した人たちへ（真和氣功センター　杉本眞人先生より）

プラスのエネルギーが直に入ってくるようになってきた人たちが多いと思います。と同時に、マイナスの事柄にも敏感になりその壁（マイナスの事柄・出来事）に直面せざるを得ない場面がそれぞれに起きてきていると思います。さかのぼること約一万二千八百年前には、越えることができずにつぶされてしまいかねない事柄に、今、遭遇している人たちがいるはずです。

時が満ちなければ鍵を開けることはかないません。そのために待ち構えていた試練ともいえます。怯まず・臆することなく・逃げずに、正面切って勇気を持って果敢に取り組んでください。乗り越えた後は大きく成長していることでしょう。

第三章　高次元からのメッセージ

真和氣功センターでは、杉本眞人先生、小塚厚子先生によるご指導やアドバイス、神々からのメッセージによって、私たちを導いてくださいます。本章では、杉本先生からのメッセージを『高次元からのメッセージ』としてご紹介します。

杉本眞人先生・小塚厚子先生は、肉体こそ三次元界に存在しますが、意識の在りかは私たちの守護神よりも高い次元にありますので、それ以上の高い視点からの内容となります。そのような高度な内容を、私たちが理解できる文字・言葉で杉本先生は表現し続けてくださっています。表現された内容は、高次元の内容を三次元上に投影した一側面となってしまいますが、できる限り偏《かたよ》りなく私たちに伝わるようにと、ボリュームたっぷりの文字・言葉で補って表現してくださっています。

文字・言葉のみにとらわれるのではなく、これらのメッセージに含まれる高次元の意図をくみ取るような意識の姿勢で本章に触れてください。受け取る内容が充実してくるはずです。

『時』について

★『時』の重要性と意味内容

三次元上においては、『時間』は過去→現在→未来と水平軸方向へと、あたかも一方通行的に流れているかのごとく錯覚します。しかし、私はそのようにはとらえていません。

概略としては、下図のように私はとらえています。もちろん二次元的表現では制約があり過ぎることは十分承知していますが…。しかし肝心なことは、意識の視点を投影された水平軸方向に向けるのではなくて、常に垂直軸方向から俯瞰した意識の視点から行動を決定するように意志の選択をすることです。…私が常に心掛けている点です。

〝地・水・火・風〟を統括するモノが〝空〟＝ホルス神の働きですが、ホルス神の部下たちは四つの部隊に分かれ、それぞれが得意な能力や分野として地・水・火・風の働きや構成要素を持ち合

A：(過去・経験則)　B：(未来・高次元・未来則)

↓ AかBの二者択一

時・時・時・時・時・時・時…何を瞬間に選択したのかが積み重なったもの

↓ ＝時間

過去…→現在…→未来？

［三次元上に投影（現実化）された結果の出来事］

わせています。したがって、皆ホルス神の一分身としての得意な面を持っていますが、完璧（オールマイティー）というわけではありません。しかし、それぞれが最善を尽くして、意識や意志を高めていくことをしたならば、本来持ち合わせていた得意な分野以外の新たな能力が発現してくる可能性があります。それは、前述の説明図を見ればお分かりかと思います。

ただし、進化するためにはカルマを解消し、プラスの行動を自発的にしていくことが必須になります。また、部下たちの行動・成長を促し、導き見守ることが私たちの務めでもあります。投影された結果に焦ったり、翻弄されたりするのではなく、今という『時』をおろそかにしないで、自分の頭上＝垂直軸方向（未来・未来則・高次元）からの俯瞰した意識の視点で、今何を成すべきかの意志決定を持続させることです。その結果はどうであれ、今までとは違う考え方やストーリー（筋道）の展開が待ち受けています。

＊説明図において、ＡかＢの二者択一の意志決定の際に大きく影響を与える事柄があります。

(一) カルマを解消していないとＡを選択しやすい。
(二) 霊格が低いとＡを選択しやすい。
(三) Ａを選択する者にとってはＢの選択肢はなきに等しく、実現不可能な夢物語のようにとらえてしまう。

過去の考えや行動パターンに縛られている者は可能性を追求しないので、変化や進化が鈍くて遅れがちであることが読み取れます。『時』の加速により、ストーリーの展開の早さや差がますます広がってしまうことも同じく分かるはずです。

★『時』の奴隷

以前、真和氣功センターに通っていた人に私が言い続けたことがあります。

「あなたの思考パターンは二次元（縦・横）的で三次元的思考に必要な〝高さ〟という概念が決定的に欠けています。ですから、いくらあなたの住む二次元上の世界で、たとえ地の果てまで〝高さ〟を探し求めたとしても見つかりません。あなたの持つモノサシで私が提供する事柄を推し量り、理解したと思い込んだところで私が言わんとする真意が伝わるはずがありません。まず、あなたのモノサシを捨てて『聴き容れる』ことが肝心です。時間がたって、後から私が言うことの意味が真に理解できる時がやって来ます」

で、彼も二次元的思考の世界と三次元的思考の世界を行きつ戻りつしながら、結局は元の居心地の良い世界へと戻ってしまいました。『聴き容れる』ことができずに、彼にとって一番必要な〝高さ〟の概念も身に付けることができなかったことになります。

上の次元は下の次元の要素を全て含んでいますが、下の次元では上の次元を完璧に表す要素が欠けているために、高次元の実態や本質そのものズバリを表現したり、受け取る側も正しく解釈したりすることができません。下の次元（結果の世界）においては、上の次元（原因の世界）から投影された姿かたち（陰影）＝まぼろしを見ては、そのものズバリの実体であると錯覚や思い違いをしてしまいます。これでは、本人任せにしていても進化や変化がいつになったら訪れるのやら分かったものではありません。そのために私たちが使命を持って降りて来ているわけですから、まず自分の考えはさておいて、素直に『聴き容れる』ことをしなければ全てが始まりません。

ところが実際はどうでしょうか？

例えば、

一次元（点）

二次元（線＝平面＝縦・横）

三次元（面＝立体＝縦・横・高さ）

四次元（アストラル体／界＝縦・横・高さ・時間）

五次元（メンタル体／界＝縦・横・高さ・時間・？）

六次元（コーザル体／界＝縦・横・高さ・時間・？・？？）

…等々

と、このように次元や意識が上がり、進化して変化するためには、それぞれの次元にふさわしく各自が共振・共鳴していること、つまりその次元の構成要素を各自が持ち合わせている（克服している）必要があります。ですから、私たちと真に高次元のコミュニケーションができるためには、三次元上に投影された文字や言葉や理屈を覚え込むこと（記憶すること）ではないということぐらいは、少しでも私たちとコミュニケーションが成立する人には十分理解されているということなのですが、こんなことさえもいまだに分かっていない人たちがキャリアだけは重ねながら大勢残っています。エネルギーは高い方から低い方へと流れていきますから、もしも皆さんが私よりも意識・霊格・次元のレベルが高いのであれば、『聴き容れる』必要もないことになります。また、病むこともなくいろいろな高次元の対応も私より優れていることにもなります。

しかし実際は、その反対であるにもかかわらず、自分に都合の良い（かなえてほしい）ところだけ『聴き容れたつもり』＝要求するだけで、後は受け容れたり変えたりしようとはしません。したがって、真に意識＝次元が上がらないまま揚げ句の果てにドロップアウトしてしまうのです。

当時の真圧心クリニック会長が、西洋医学の治療法（スタンス）について映画に例えて教えてくれたことがあります。

「スクリーンに映った傷＝病気を一生懸命に治そうとしているが、これはおかしいよね。元はフィルムに傷がついているのに、その結果として映し出されたスクリーンをいくらいじっても治らなくて当たり前でしょう。根本（原因）＝フィルム＝高次元＝本人の意識＝本質・本体を正さずに肉体上の病気（結果）＝スクリーン＝低次元＝表面を取り繕うことにきゅうきゅうとしている。ところが、氣功は西洋医学と違い根本から正していくので、メスで切り取らずに、薬も使わずに自然と治っていくのです」

この例と同じく、多くの人たちが意識を上げることに対して、投影された結果として正さなければならない自分の性格・思考パターンを一生懸命にスクリーンに映りこんだ傷のごとく取り繕うことにきゅうきゅうとしています。これでは治らなくて（正されなくて）当たり前ですよね。自分の本質（内面）を正して充実することはさておいて、その投影された結果をしらみつぶしにしたところで、ボロが出るに決まっています。意識が正され高まるはずがありません。本人たちの一生懸命＝見当違いのご苦労さんとしか言いようがありません。

私たち肉体を持つ者は三次元（縦・横・高さ）界に存在して、物理（三次元）的法則や価値観に縛られがちです。その上、エネルギーは高い方から低い方へと流れますから、三次元界に住む私たちは一つ上の次元の四次元界から直接影響を受けていることになります。ですから、今アストラル（四次元）界の下層がなくなりかけていることも併せて、よりいっそうダイレクトに四次元界から投影された現象や結果がこの世（三次元界）に起きてきています。

四次元界の重要な構成要素には、皆さんもご存知の通り『時間』があります。さらに、アストラル（四次元）界は、感情・欲望の世界＝グラマー（幻惑）の世界＝第4チャクラと深い関係にあります。今、アセンションに向けて地球や人間も変わろうとしています。そこで、現段階でアセンションできる人やできない人の条件や人物像が大方想像できてしまいます。

アセンションできる人
（一）感情・欲望を克服している。
（二）第4チャクラが開いている。
（三）『時』を大事にする。乗り遅れない→そのときすべきことを間髪置かずに実行する。

アセンションできない人
（一）感情・欲望に振り回される→アストラル（四次元）界の霊と同調する＝霊障。
（二）第4チャクラが閉じている（不安定）。
（三）『時』を逃がす。振り回される。時間的ズレが生じる→『時』の奴隷。

以上のごとく、四次元レベルの意識状態を克服して、最低限度でも意識の在りかが五次元以上でなければアセンションは不可能ということになります。

多くの人たちの様子を観察していますと、『時』の奴隷になっている人たちがいかに多いことか気付かされます。『時』＝チャンスを活かせないばかりか、カルマを自らつくり続けては貴重な『時』を浪費して、原因を正したり振り返ったりすることもなく、投影された結果に振り回されて、そのことにきゅうきゅうとした価値観を持ち続けて、四次元界に支配されアストラル（四次元）界の霊たちと共存し、取り込まれて隷属している様子が私には手に取るように分かります。

今、地球はアセンション（次元上昇）に向けてさまざまな克服すべき・正すべき事柄として、環境問題や社会現象や国家・民族・宗教の対立、各個人の病気や障害・問題として問い掛けています。これは一見マイナスの現象として意識レベルの低い人たちには思えることかもしれませんが、地球が次の次元に向けて脱皮しようとしていることで、実際は創造の前段階である破壊が進んでいることになります。

しかし、意識レベルが低いが故に真に正しく対応している国家や民族、宗教や会社や個人がどれほどいることでしょうか。今まで通りの自分たちの価値観や考え方を押し通そうとしてはボロが出て、そのつど根本的解決をせずに力ずくで押し通してひたすら取り繕うことに心血を注ぎます。こんなにも愚かなのでしょうか？　愕然としてしまいます。

宇宙規模、地球規模でも弁証法（一六五頁）は成立します。正（プラスや陽）に対して反（マイナスや陰）が存在することによって「合＝止揚＝一段階上がった状態」に至ることができます。しかし、このことも正しく対応して得られる結果ですから実態のお粗末さにあきれ果ててしまいます。もちろん事が起きなければそれでよしというわけでもありません。私たちと縁ある人の中から少しでも本質を理解し、深めていこうとする方が増えていけばと思うのですが…。

いつまでチャンスが残されているのでしょうか。

それとも、もう手遅れの『時』なのでしょうか……。

★〝『時』の奴隷〟の補足説明

さて、これまでの説明では、難解であると思われた方も多かったであろうと思います。そこで、ここでは簡単に次元の違いについての補足説明をしてみます（さらに混乱してしまう人もいるかもしれませんが…）。

ただ、このように皆さんとコミュニケーションができるように三次元上でしか使えない〝文字〟を介してはいますが、その奥にある真意や意図や意味をくみ取るようにしなければ、いつまでも薄っぺらな自分のモノサシに当てはめて私たちを推し量ることになりますし、そこからさらに高次元のコミュニケーションへと発展することなどは到底不可能になってしまいます。

例えば、ここに〝球体〟があるとします。三次元の立体ですから、皆さんもよくご存知で、誰も間違えずに同じ〝カタチ〟を思い浮かべることが容易にできるでしょう。

次に、あなたが二次元界の平面の世界の住人になったと思ってください。〝球体〟はあなたにとってどのように認識できるでしょうか。

そうですね、場合によっては〝円〟や〝直線〟や〝点〟と認識できるでしょう。〝円〟と認識できればよい方で、この場合二次元界をぐるりと一周して初めて〝円〟と認識されます。自分が動かずに〝カタチ〟を観察した場合には〝直線〟や〝点〟としか認識できないときもあります。私たちは三次元（縦・横・高さ）界に住んでいますから、元の実体（本体）の〝カタチ〟が〝球体〟であり、これを二次元（縦・横）界に投影すると、上（高さ）から俯瞰しているが故に、〝円〟や〝直線〟や〝点〟として映り込むことが容易に想像できてしまいます。

ところが、二次元界の住人にとってはどうでしょうか。元の〝球体〟という一つの〝カタチ〟が三つの解釈に分かれてしまいますし、二次元界においてはそれぞれが間違いというわけではなくて、全体像を正しくとらえてはいないが部分的な側面として確かにそれぞれが主張する通り間違えてはいません。ですから、三人三様の解釈が成り立ってお互いに自分が正しく、相手が間違っていると主張して決して譲りません。

例えば、地球上の宗教の対立や解釈を巡っての分派を見ればお分かりのように、高次元から伝わったことを低次元の者が解釈するとこのようになるという良い（悪い）見本です。皆さんも、私たちが提供する事柄や日常生活の中でも受け取り方や解釈を巡って思い当たる節もあることでしょう（実際は自分で気が付けば相当ましな方です）。

話を元に戻しますが、三次元から投影されたものを二次元上の解釈でどんなに突き詰めても、また組み立てても、元の〝カタチ〟である真の姿の〝球体〟は出来上がりませんし、理解し、とらえることは不可能です。三次元に存在する〝カタチ〟を認識し、とらえるためには、『高さ』という要素、概念が必要不可欠だからです。

さらに、ここで『時間』を加えるとどうなるでしょう。〝球体〟を『時間』とともに変化させること、つまり動かせばよいことになります。簡単に言えば二次元＝紙の上に〝球体〟＝ボールペンを動かして線を描けばよいことになります。こうなると、どんな二次元上の〝カタチ〟でも自在に描けてしまいます。点でも直線でも曲線でも円でも三角でも四角でも何でもありで、それぞれが間違いではありませんから、二次元上の住人にとっては、ボールペンはまるで全知全能の神のごとく崇め奉られるのです。

低次元の者の理解や解釈、能力を超えてしまうと、神の仕業だの畏敬の念を自分で勝手につくり出してしまい、実体が本当に神なのか、またプラスなのかマイナスなのかさえ正しく認識することができなくなります（よくあることですから、正しく見識を身に付ける必要があります。また、陥った見識の人たちから逆に魔女狩りのごとくの扱いを受ける恐れもあります）。

このように、二次元（縦・横）の世界に三次元界の『高さ』を投影する（持ち込む）だけでもいろいろな解釈が分かれます。さらに四次元界の『時間』を投影する（持ち込む）と、二次元界に存在するすべての〝カタチ〟が表現可能になります。しかし、悲しいかな、実体の〝球体〟を二次元界で百パーセント表現する手段は全く存在しません。

次元や意識レベルの違いとは、このように厳然とした要素の違いからとてつもなく差が広がってしまいます。「これでは、高次元と低次元の壁を越えて橋渡しするなんて絶望的ではないか！」と、思われた方もいるでしょう。しかし、ご安心ください。神様は見捨ててはいません。救済策がうまく仕組まれています。

私たちの究極の本質である魂の原子核の集合体は、誰でも大元の神様と同じ構成要素で創られています。それは、ミニチュア版ではありますが神様とフラクタル（相似形）の『愛と調和』の成分が織り込まれていて、さらに次元を超えても通用し、共振・共鳴するためのホログラムが組み込まれています。ただし、この究極の構成要素は並大抵のことでは共振・共鳴もしなければ宇宙的意識に目覚めていきなり意識レベル（次元）が上がるわけでもありません。

私自身は、皆さんの魂レベルまで共振・共鳴できる高次元の氣を送り続けています。ですから、ごく少数ではありますが私たちに共振・共鳴する人が出てきているのです。

では、なぜその他大勢の人たちは魂レベルで共振・共鳴しないのでしょうか？

それは、本人のユルい意志や意識では共振・共鳴しないように凍結されているからです。これも神様の配慮ですから、高次元に向かって沿わせていくことを本人自身（魂）が選択しない限り、いくつもの条件があるスイッチがオンにならないように設定されています。軽い気持ちで進化したいとか変化したいでは、全くスイッチがオンになりません。アクセルを踏みながらもブレーキを踏んでいる人たちが大半です。また、重い荷物（カルマ）を背負いながら次元の壁を越えることも不可能です。

（一）アクセルを踏み続けること（恐る恐るでは、また暴走も駄目）。

（二）ブレーキを解除する（それぞれで思い当たることがあるはず）。

（三）重荷（カルマ）を解消する。

以上は、魂に刻み込まれているスイッチをオンにするための最低条件です。このステップを踏まえていくと、本当の自由になることが実感できます。こうして、凍結を自ら解くために本人の意志や意識が誰でも試されているのです。本人自ら進化することを心底願い、意識を高めるための努力や工夫、何があっても曲げることのない進化しようという強い意志が継続されなければ、凍結が解除されるに至るまでの臨界点には達しません。

このように、プログラムされたものを解いていくことができるのは自分自身の意志や意識以外の何ものでもありません。私たちは、このことを誘発したりサポートしたりすることが使命ですが、自分を高めることのできる主人公は自分自身以外の誰でもありませんので、本人の意志や意識には何人たりとも介入できません。

実は、最近の二極化の傾向とは、根本的に一人ひとりの本質（魂）が何を選択したのかによる違いが結果となって現れた事柄によるものなのです。くどいようですが、生半可な気持ちでは『時』の奴隷として四次元界に取り込まれて、早くても次のアセンション（二万五千七百三十六年後）まではいやというほど（十分に）堂々巡りを繰り返すことになります。

オーラとチャクラ

★オーラの飾り物

最近、皆さんの中で、Mさん（杉本先生・小塚先生に指導していただいている氣功療法家）にオーラの状態を診てもらった人が何人かいるでしょう。私がいる前で、必ず本人の隣でMさんがどのように感触を受け取ったかを述べてもらっています。

大抵の人たちは、「第7チャクラの上にボール状の塊があり、胸＝第4チャクラの前にも塊を付けています。で、全体の氣の質は重たい、粘っこい、硬い、ザラザラとしています。オーラの形状は、体の前面は大きいが背面は小さい（あまり出ていない）です」というコメントで、Mさんが触覚として受け取った各自のオーラの状態を聞かされたと思います。そのことをさらに詳しく私が説明しました。

私たちはオーラを通して皆さんの状態を事実として認識していますが、果たして当の本人たちはどのように思って（受け取って）いるのでしょうか。

（一）氣の質が粗い・重い・硬い・粘っこいなど。…霊格・意識レベルが低い。

（二）第7チャクラの上に塊。…高次元から伝わる情報・エネルギーを自分の考えや思いで打ち消し、自我のフィルターを通して受け取り、解釈している。

(三) 第4チャクラの前の塊。…周りとの調和が取れない。

(四) 体の前面のオーラは出ているが、背面のオーラの出が悪い。…感情(四次元レベルの意識)は活発に働いている(活動している)が、情動的で意志が弱く(意志薄弱)、精神活動が弱い。

オーラには過去の情報(状態)や現在、また未来において三次元下(肉体上)に結果として起き得るであろう原因が刻み込まれています。ですから、私たち霊視ができる者とは過去・現在・未来・原因の情報が刻み込まれている高次元にアクセスすることができることを指します。ただし、レベルの違いや、プラスからの情報、マイナスからの情報、いい加減なものまで幅広くあります。もちろん、私たちに縁ある人たちは恵まれた環境が与えられていると思います。

しかし、一番の問題は与えられていることばかりに甘んじていることです。事実として、私たちはあなたたちのオーラのゆがみや異常を認識できますが、肝心の本人たちがゆがみや異常をつくり上げた原因そのものでありながら、まるで他人ごとのような反応をしてしまいます。自らが原因をつくり出してはその結果も自分に還ってきています。オーラの飾り物=汚物を自らつくり出しているのにもかかわらず、いつまでも自分の仕出かした不始末の尻ぬぐいを私たちに求めては、決して自分自身に内在する原因そのものを正視して解決しようとはしません。意識レベルが低い者とはこのように赤ん坊のごとくに手が掛かり、厄介な存在でしょうか?

しかし、本当は大抵の場合条件的には当てはまりません。皆さんも霊格（最高値）がいくつであるか尋ねたことがあると思いますが、まず、霊格（最高値）が4（四次元レベル）というのは今までにも記憶がありません。高い霊格（最高値）が持続できるならば、それより低い所にある自分の内面にあるゆがみを俯瞰した位置（高次元）から冷静に見つめ、正すことが可能です（＝内観）。

それでも、霊格が霊体施療（二一五頁）を受けられるための目標になる数値ぐらいにしか皆さんは思っていないのでしょう。〝霊格〟とは何ぞや？ なぜ神様や先生たちはこのように口やかましく「霊格、霊格！」とおっしゃるのだろうか？ と考えもしないのでしょうか。真に内観もしていない上に神様から意味深い霊格を伺いながら、形だけの内観をやったつもり違いや、霊格という三次元下に投影された結果の数字のみにとらわれては右往左往する姿は滑稽であり、哀れとしか言いようがありません。これも時間やエネルギーの無駄使いです。『時』＝チャンスを逃がしていることになります。

パラドックス（逆説）的見方・考えが身に付いていないと、なかなか思い付かないかもしれませんが、この考え方も既に提供済みです。何もかも考え方から、手順から、ヒントから答えに至るまですべてを与えてもらうことに甘んじている未熟な人間であることも事実ですが、自分たちでできることや可能性まで放棄してしまっています。まず、そこから脱出したいと本人自らが望まなければ、結果だけかなうはずがありません。

人間の高次元の体は六次元までありますが、皆さんの霊格（最高値）はそれ以上あるはずです。ですから、理屈ではこの霊格（最高値）を活かせるのであれば、自らつくり出した原因はそれ以下の高次元の体に刻み込まれていますので、真剣に内観すれば自らつくり出した原因を探り当て、正すことぐらいはできるのではないかと思います。しかし、実際にできた人は皆無に等しいのです。〝霊格〟という言葉の意味の重要性が真に理解されていないのと、本人の〝意志〟や〝意識〟が試されていることが分からないからです。

〝霊格〟とは、外へ外へと向かって高く、また、他の人と比較する基準くらいにしか思っていない人には、神様（高次元）の意図などくめるはずがありません。反対に、中へ中へと意識やエネルギーを向けることによってゆがみを正すことにより、そのことが踏み板となって中身が充実された結果、外にもたやすく発振ができるのです（作用・反作用の法則）。

外の高い世界に出るためには中身が充実されなければ不可能であるにもかかわらず、ヒントや答えでもある〝霊格〟の意味ですら活かされていません。

このように、意志薄弱の原因は自らつくり出しているが故に体の背面のオーラが小さいのです。その上、模索すらしないので本人から進んでオーラを診てほしいという人は一人もいません。ただひたすら与えてもらうのみ、ゆがみの原因は自らつくり出していると事実を指摘しても、本人は何もせずに真和氣功センターに通い続けて『時』を過ごすのみ。意志薄弱のままオーラに飾り物（汚物）を付けて、どんよりとしたオーラになじんで好んで身にまとい、すべて与えてもらうことに満足している姿は『時』の奴隷としてふさわしく私には映ります（皆さんもそう思うでしょう)。自ら望んで(喜んで)鎖につながれる不自由さを選んでいるとしか思えません。事実の認識のユルさも相まって、危機感があるとはとても思えません。

中には、極めて少数ですが、サラサラとした上質のオーラ＝氣をまとい、余計な飾り物(汚物)を後生大事に抱え込んでいる人たちとは全く違う感触を得る人たちがいます。何と、子供たちに多く見受けられます! 高次元のコミュニケーションが深まることと、オーラの状態(氣の質)とは正比例します。しかるに、子供が大人になる(三次元上の生活になじむ・ならされる)にしたがって氣が澱み、塵を後生大事に抱え込むようになってしまうことを弁証法的に、またパラドックス(逆説)的に振り返る必要があります。さもなくば、また堂々巡りの繰り返しになります。

いきなり急に霊格が上がり、上質の氣にはなりませんが、飾り物(汚物)の後始末ぐらいは自分でできます。自分で実行しなければ、もちろん結果は出ません。

［弁証法］

プラスのことだけや均一の状態では何も変化がないが、マイナスのことがあると、それを変えようとする働きが起きて一段階上がる状態ができる。マイナスの事柄だけ排除すればよいというものではない。

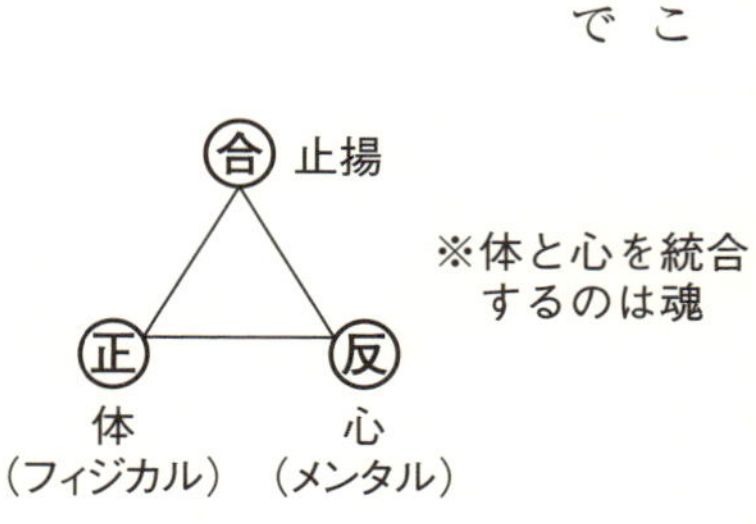

★オーラの色と補色（Kさんへのアドバイス）

Kさんのオーラは青色（主調色）ですから、物事に対する白黒（YES・NO）が、はっきりしている性格です。また、第5チャクラが活発に働いているが故に青色のオーラになりますが、三次元上の肉体（結果の世界）にも当然関連しますので、得意な面や性格が活かせているうちはよいのですが、その裏返しとして、得意なところを使い過ぎたり活かせなくなったりした場合に、のどや肺を病んでしまうケースがあります。「正しくものを言う、表現する」が青色のオーラの特徴を端的に表しています。

また、青色の補色（反対色）は橙色で、第2チャクラに関係し、肉体上は腎臓や腰（免疫力・活力）に関連します。補色というのは正反対の性格や性質を持ち合わせています。また、お互いにないものを補う意味では必要欠くべからざる関係といえます。

過去の出来事を詮索することには全く興味がありませんが、全ての出来事に原因と結果がありますので、正しくものが言えない、精神的価値を周りが受け容れない、芸術性が活かせない、話すことが嫌になった…など、青色の特徴が活かせなくなって、精神的に肉体的に落ち込んだ時期に腰（橙色）も痛めたのではないでしょうか。普通は、落ち込んだときに補う力が働いて大事に至らなくて済みますが、支え切れないほどの出来事やエネルギーがたまったものと思われます。ここでは、オーラ占いをするつもりはありませんが、このように個人や体の内部でも正しくバランスを保とうする力やエネルギーが、本来は誰でも働いています。

しかし、無自覚的でなかなか顕在意識には超意識や潜在意識からの原因や流れが思いつかない人たちが多いと思います。Kさんが以前発言された内容にもありましたが、脳幹は潜在意識や超意識と顕在意識をつなぐ肉体上の場所にもなります（※Kさんは初めて参加された勉強会の翌日より、脳幹あたりから「プラスの発振、プラスの発振」という言葉が意識の中で連呼されているとのことです）。

全ての現象に意味があり、また、フラクタル（相似形）の構図や構造があります。ですから、本人へのメッセージとして「プラスの発振」を高次元から伝えてきたのは、もちろん自分自身の中に共振・共鳴する要素を持ち合わせているからでもあり、社会や会社、人間関係においても、Kさんを軸として、Kさん以外の周りの人たちにも働き掛けて響く位置取りや要素を持ち合わせていて、波及できることをも同時に相似形の構図の中に含んでいることが示唆されています。

全てのものが自分を活かしながら正しい方向に向かわねばなりません。そのためにはお互いに協力し合いながらバランスを取り、本質へと向かいます。個人である人がバランスを欠いて病むということと、家庭や会社、社会が病むことは相似形の構図でつながっています。ですから、真に健康であることも同じく相似形の構図が当てはまります。青色＝精神性を活かせるポジションや仕事柄でありますが、まず自分自身が健全でなければ必ず破綻が起きてきます。

どうありたいのかということは不動心にもつながることですが、何が本当に必要で何が不要であるのかを本質から見極める時期にきていると思います。

★オーラについて（EさんとのQ&A）

（Q）オーラについてお尋ねします。オーラはその人の心身の状態に応じてすぐ色が変わるものなのでしょうか？　楽しいときや嬉しいときはこの色で、悲しいときはこの色、行動的だとこの色…というふうに。また、病気のときは色が濁ったり黒くなったりするのでしょうか？

（A）オーラは、その人の性格・性質に応じて、その人を特徴付ける固有の支配的色彩（ドミナント・カラー）があります。ですから、一般的にその人のオーラの色とはこのことを指します。ただし、厳密に言いますと、エーテル体オーラ・アストラル体オーラ・メンタル体オーラ・コーザル体オーラ・魂レベルのオーラと分けることができます。

このように、五層のオーラで人間は成り立っていますが、高次元層のオーラになるほど、一生を通して変わることはほとんどありません。逆に三次元（肉体）に近いオーラになればなるほど、そのときの気分や気持ち・精神状態・病気そのものをズバリ色で表して変化します。例えば、楽しいときには明るく、大きなオーラになります。また、落ち込んでいるときには暗く（濁っている）、しぼんだオーラになります。

病気の場合、体の場所や臓器の周りや近くのオーラに、まず異常な色や形で濁ったり、黒っぽい色で現れたりしますから、既に高次元の体が病んでいることになります。その結果、エネルギーは高い方から低い方へと流れますので、やがて必ず肉体へ病気として症状が出てきます。

同じく、病気が治る場合も高次元の体のオーラが綺麗になっていきますので、これから肉体上の病気も治っていくことが分かります。ちなみに、霊体施療もこの病んだ高次元の体に直接神様が介入してくれますから、麻酔も針も糸も薬も使用せずに効果が現れるのです。ですから、健康であることと病気であることとは、その人の意識の在り方が密接に関係していることがお分かりいただけると思います。

＊原因＝高次元の体・意識の在り方・ゆがみなど
＊結果＝肉体や精神の病気・健康

各自のオーラの色と意味・特徴は、それぞれのチャクラの活動状態とも比例します。必ずしも、一般的な書物などで解説されている三次元的色彩の意味内容と一致するとは限りませんが、高次元の色（オーラも含めて）にも大体同じことが当てはまります。例えば、青いオーラの色の人はいつも悲しいわけではありませんし、赤やオレンジ色のオーラの人がいつも快活だとは限りません。これは、その人の性格や性質を表していて、状態（健康・病気・快・不快など）の変化は色味が綺麗であったり、濁ったりという、明暗の違いとして出てきます。

Eさんが真和氣功センターに来院された際、私が見た首の後ろから頭部にかけての黄緑色は、オーラが濁っていて、そこに異常があることを示していました。この濁りが取れてくると健康であり、本来のオーラの色である緑色になります。例えば、緑色の（高次元の）意味内容とは、調和・第4チャクラ・バランス・中庸・人と人を結ぶこと…など。

また、Eさんの守護神である大国主命《オオクニヌシノミコト》も私にはエメラルド・グリーンとして見えます。同じく観音菩薩もこの色ですが、人間と神のレベルのオーラではエネルギーや質が違います。しかし、同じ色相ですから性格や意味内容で共振・共鳴する要素がよく似ていることになります。

人間もいつかは神の次元に至る時が来ます。ですから、その人にふさわしい先輩としての神がそれぞれの人たちを守護しているのです。むしろ、エネルギーの流れや順番からは本来逆が正解だと思います。

先輩である神に見習い近づくためには、常日ごろから同じような思いや行動をしてゆかねば到底なれるものではありません。一歩一歩の積み重ねが必要であることは言うまでもありません。これが魂を充実することにつながります。棚ボタ式に、またご利益主義的に安易な結果は得られません。

★第3チャクラ

第3チャクラが活発に働いている人は、物質的な繁栄、競争社会、比較競争原理に非常にそぐわしい状態を持ち続けていて、魚座の波動にふさわしい人（化石のような人）です。人より優れた者、人と比べて良く評価されたい、ということに価値を見いだします。

センターに通っていて、第3チャクラが開放された若い女性は、そういうこととは思いもよりませんでした。今は、全く頭の片隅にもないぐらい、自分というものと、相手にとって良かれということが身に付いている状態です。かつてはそういう次元・段階が必ずあったからこそ、マイナスのエネルギーを第3チャクラに閉じ込めていましたが、今は、真和氣功センターで氣を受けて意識が高いレベルになり、下位のチャクラにためているものを開放しようとする臨界点に達したので、第3チャクラにため込んでいたマイナスのエネルギーが放出されました。

それ以前の段階で、第3チャクラが真っ盛りで活発に働いている人は、自己保存の法則である、他の人より秀でた人であることに価値を見いだします。自己の確立＝自我としか考えることができません。

先生に評価されたい、自分を中心に物事を考える、他の人と比べて劣っている、秀出ている…という考えは、外に向かう矢印でしかありません（内省・内観に欠ける）。

私たちが話をする中で意図していることを、知識や理屈で推し量ろうとするので、理解不能になります。投影された結果の世界のみに通用する三次元上での答えを探しても、高い次元に答えや意図がある以上、自分のレベルに合わせて探し求めても何も見つかりません。

第3チャクラが活発に働いている人は、魚座の波動に適合していて、水瓶座の波動にはそぐわしい状態ではありません。自分を中心に物事を考えることをやめなければ、破綻が来ることは避けられないでしょう。

【時とカルマ】

カルマの清算をしなくてはいけないときに、本来の意味合いを理解しないままスルッと見過ごしてしまい、正面から取り組むことを怠れば、より重いカルマとなって再び問い返されます。

その〝時〟を見逃さないようにするためには、常に自分自身の内面と外界に起きていることの意味合いを正しくとらえるように心掛けなくてはいけません。

意識の在り方について

★地球の想念帯

オリンピックは四年に一度の世界的規模のスポーツの祭典ですが、選手や観戦された人々の思いやエネルギーを波動の見地からとらえると、どのようになると思われるでしょうか？

実は、スポーツも世界的規模の戦争に等しい想念のエネルギーを持っています。戦争もスポーツも基本的に鍛え上げ競うことから〝競争原理〟に端を発しています。戦争は目に見える物理的形としての破壊や悲惨さが誰にでも伝わってきます。しかし、スポーツは一見そのような〝カタチ〟を三次元上では取らないためになかなか『本質』が見えてきませんし、価値も『本質』からすり替えられたものが当たり前のごとくに通用してしまいます。

この『本質』からとっくに懸け離れてしまった〝勝って嬉しい！〟思いや、〝負けて悔しい！〟思いのエネルギーが地球を取り巻く地球人の集合意識・集合無意識・集合超意識とつながる想念帯に蓄えられます。その想念帯に蓄えられたエネルギーや波動は、共振・共鳴する人々へと、再び地球全土に降り注ぎ、ばらまかれることとなるのです。さらに、宇宙的視点からは地球と関係の深い星々へと影響を与える結果にもなるのです。

ここに面白い統計があります。四年周期で犯罪が世界的に増えます。そのサイクルは、オリンピックの開催される年と全く一致しています。また、同じく自然災害も増えています。私たちは一生懸命に自分たちを病ませたり、人や地球を破滅させる思いやエネルギーをつくり出しては自らに還ってきたりしていることを本当に自覚せねばなりません。全てはフラクタル（相似形）の構図でつながっています。私が今まで「メッセージ」として発振してきた内容が真に理解できているのであれば、今回の内容も納得できるはずです。『本質』から見て、根本的に価値や常識化されてしまった物事を正し、見直す必要があります。枝葉にとらわれたり、取り繕ったりしていては再び同じ過ちを繰り返すだけです。

★未来の地球像

私は、混乱を招くような予知とか透視、予言というのはあまり好きではありません。しかし、アカシックレコードをのぞいて未来の可能性としての地球の姿がいくつかあります。

1　アセンションできた地球
2　アセンションできなかった地球
3　火だるまの地球

ここで問題になるのが3です。私たちの使命は当然1へと導くことです。しかし、邪神やマイナス側は阻止を企てて2、3の可能性を目論んでいます。

ここで、思い出してください。『現在が変わると未来が変わる』（四八頁）、つまり、私たち・神（高次元＝未来）と同様に邪神（高次元＝未来）やマイナス側も、未来（高次元）から現在に介入して将来の地球の歴史を思い通りに書き変えようと画策して、私たちの使命を妨害しようとしています（まるで、映画「ターミネーター」みたいな話ですが、本当のことです）。

1＝進化
2＝堂々巡り
3＝破滅

選択肢はそれぞれの自由に任されています。しかし、これからそれぞれがよほどの変化をしていかなければ、宇宙的マクロの視点から見ると、このままでは2、3への未来の歴史を形成する道筋を歩んでいることが明らかに分かります。

地球上には想念帯が取り巻いています。ですから、地球の終末論や末法論などで無闇に恐怖心や不安、投げやりな思いでマイナスのエネルギーをつくり出すことは、2、3のストーリーを展開させるための邪神側の思うつぼにはまってしまいます。さりとて、実体の伴わないままに平静だけ装って今まで同様にユルユルと過ごしていても、同じ結果が待ち受けています。

プラスのエネルギーを積極的に発振することで、いつかは『百匹目の猿現象』（六七頁）に達することができます。しかし、今のままではまだまだ至りません。自分の思いや行動の方向を選択することに、ウジウジと、くだらないエネルギーや時間を費やしている場合ではなくなってきています。

★マイナスの世界

既に知っている人もいるかもしれませんが、人間は次のそれぞれにふさわしいグループに分かれるようです。

1　アセンションできる人　…霊格の最低値が五（次元）以上。
2　アセンションできない人…霊格の最低値が五（次元）未満。
　※次のチャンスは二万五千七百三十六年後。
3　マイナス（邪神を頂点とした）のみの集団で、ピラミッド型の支配体制に取り込まれてしまう人…プラスへ向かえるチャンスが果たしていつになったら訪れるやら。私にも想像がつきません（少なくとも二万五千七百三十六年後どころではなくなります）。

マイナスばかりの人たちや邪神が頂点に立つピラミッド型の支配体制の世界とは、どんな様子なのでしょうか？　実際にはまだそのようなすみ分けがなされていませんが、結果として3の世界にふさわしい人たちが出てきますので、今現在はその結果になるであろう原因を抱えている人たちが、候補者として可能性が高いことになります。

こうした世界にふさわしい人間像とは？　…皆さんで想像してみてください。

その逆説的回答として、私の帰る十二次元以上の世界では、光がコロイド（液体）状で細かな粒子の集まりです。当然、肉体らしきものはありません。その細かな一粒一粒のコロイド状の粒子が発光しているために〝陰〟や〝闇〟は一切ありません。また、意識はありますが自分と他者の領域の違いは曖昧で明確な区別ができません。つまり、自分が思うことは他者も同時に同じ思いでいる（伝わる）ために、お互いに同じ考えや思いを共有（一〇〇％共振・共鳴）している状態です。完全にＧＩＶＥ　ＡＮＤ　ＧＩＶＥ（お互いに全て与えるばかり）の世界であり、常にお互いが光を放射（与えること）しているので〝陰〟や〝闇〟が全く存在し得ないのです。

私がこの世（三次元界）に戻るときには十二次元界から次第に下降していき、六次元界に入り、しまいに三次元上の肉体に意識が落ちる（入り込む）と重力の重みを感じるようになります。皆さんと同じく三次元界に物質である肉体を纏い、意識がその中に閉じ込められてしまいます。このように、私たちは誰でもが、本来は意識の在りかは少なくとも三次元以上にあります。

三次元界は高次元にある意識の投影された〝結果〟の世界です。〝原因〟は高次元にあるわけですが、世間一般の人たちは意識レベルが低いが故に意識そのものを高次元に向けることができません。ほかにもカルマの問題や複雑な〝原因〟が絡み合ってこの世（三次元界）に現象として〝結果〟がいろいろな〝カタチ〟として現れてきます（ちなみに、真和氣功センターでは高次元にある〝原因〟が分かり、正すことが可能ですので〝結果〟である病気や障害が消えたり好転したりするのです）。

このように、三次元界は投影された結果の世界ですから、〝光〟もあれば〝陰や影〟同じく〝闇〟も混在することになります。そこで、〝光〟を求めて意識が高次元へとは向かわずに同じ三次元界上の〝光〟を得る（奪う）ことに手っ取り早く安易に解決手段を見いだします（もちろん本来の解決ではないために、いずれ矛盾や破綻が必ず訪れます）。

この考え方や行為は、ピラミッド型の支配体制の頂点に立つ者＝邪神にとっては願ってもない好都合なことです。堂々巡り・なし崩し・奪い合い…TAKE AND TAKE（お互いにひたすら奪い合うこと）は、カルマをつくり出してはその清算のために貴重な『時』とエネルギーを費やして進化を遅らせます。さらに、お互いが奪い合うことによって低い意識レベルの感情（怒り・憎しみ・悲しみ…）を人々にわき起こし、ドロドロとしたマイナスのエネルギーの想念を地球の想念帯に蓄えては再び同じ気持ちを抱いている人々を挑発・誘発させることを嫌というほど繰り返します。このフラクタル（相似形）の構図は現在の地球にもありますので、将来の結果としての地球の在り方につながっていきます。

こうして、マイナスの想念を抱く人々とマイナスのエネルギーの悪循環のシステム・サイクルが磐石のものとなってしまい、そう簡単には高次元に向かうことや進化など不可能な世界をつくり出し閉じ込められてしまうことが、私にはたやすく想像できてしまいます。

マイナスといえども邪神は高次元の存在ですから、人間の浅知恵などで思いも付かないほど悪だくみにたけています。皆さんの出すマイナスの想念やエネルギーを餌として、邪神はまるで食物連鎖のピラミッドの頂点に立つがごとく君臨しています。いったんこのマイナスの連鎖に取り込まれてしまうと、一人足を洗って抜け出すことなど到底不可能になります。

今は、まだ〝高きも低き〟も〝光〟や〝陰・闇〟が混在した地球に私たちは暮らしていますが、この先完全にすみ分けがなされてしまえば、アセンションどころの話ではなくなってしまいます。

★共感と共振・共鳴

私たちが提供している〝共振・共鳴〟と、皆さんが一般的に使う〝共感〟との意味合いの違いがお分かりでしょうか？

共感≦共振・共鳴、という関係式になります。

〝共感〟は、顕在意識上に自覚できる感覚として認めることが誰にでも可能です。一方〝共振・共鳴〟は顕在意識上での感覚としてとらえることができない高次元の領域までも含んだ内容になります（第六感・第七感など、それぞれの高次元の感覚が正しく使いこなせる人はその次元相当の受け取り方の範囲内において可能となります）。

三次元上の実生活においては、その人の判断・基準となるモノサシとして〝共感〟する、しないということが自身の選択肢の動向を左右します。ですから、〝共感〟する、しないから〝受け容れる〟、受け容れないが生じてきます。

例えば、『世間一般の常識、国家の体制・法律、倫理、文化、宗教…』などに照らし合わせて〝共感〟すれば〝受け容れる〟ことになりますが、反対に〝共感〟しなければ〝受け容れない〟ことになってしまいます。この三次元上でしか役に立たないモノサシを高次元に当てはめたり、持ち越したりしようとすること自体に、しょせん無理があります。

最近、一見霊格の高そうな人たちが次々と真和氣功センターから離れていった原因はここのところによるものが大きかったのではないかと思います。なかには三次元以上の感覚が開けている人もいたようですが、それとて自分を基準にした感覚であり、私たちよりもはるかに下のレベルのモノサシを上に対して当てはめて推し量る行為になります。これでは真に私たちと共振・共鳴もしなければ、意識や価値観を高次元につなげていくことは到底かないません。このような人たちの思い描く〝愛と調和〟の世界とはせいぜい、グラマーやイリュージョンに浸った理想を追い求めているにすぎないことになります。

〝理解・納得・共感〟という肉体脳で判断した『受け容れる・受け容れない』とは、全意識の割合からはたった五〜一〇％にしかすぎません。ここから既に、九〇％以上もの高次元の内容

（栄養）を自分という目の粗いフィルターを通して目こぼししています。

また、ひとたび自分の価値基準に照らし合わせて疑念がわいたならば、〝理解・納得・共感〟できない事態に陥ります。私が言う意識上の『快』も、三次元上の感覚では『不快』としてとらえてしまう状態がこのような人たちには起きてきます。

〝腐ったリンゴは良いリンゴも駄目にする〟（九二頁）。そのため、今まで経験したことも獲得したことも一気に覆してしまうことになるのです。これでは、私たちと高次元のコミュニケーションができない（共通項がない）ことも当たり前になってしまいます。もちろん、自分の価値基準が優位なため、私たちが提供する事柄を『受け容れない』結果になります。

アセンションは、霊格の最低値が五次元以上でなければかないません。ですから、それぞれが自分の霊格の最高値から見て、自分自身で霊格の最低値をボトムアップすることが必須になるゆえんにもなります。目先の現象や言動に惑わされずに、『どう在りたい』のかという自分の中の芯を決して揺るがしてはいけません。

ますます、実体や本質を見極める個々の資質が問われるようになってきました。ただ黙って私たちにぶら下がっているだけでは身に付かないことはいまさら言うまでもありません。

[自分の位置(座標)=宇宙との調和度]

◎プラス意識の人と、マイナス意識の人の位置関係、およびマイナスからプラスへの移行手順

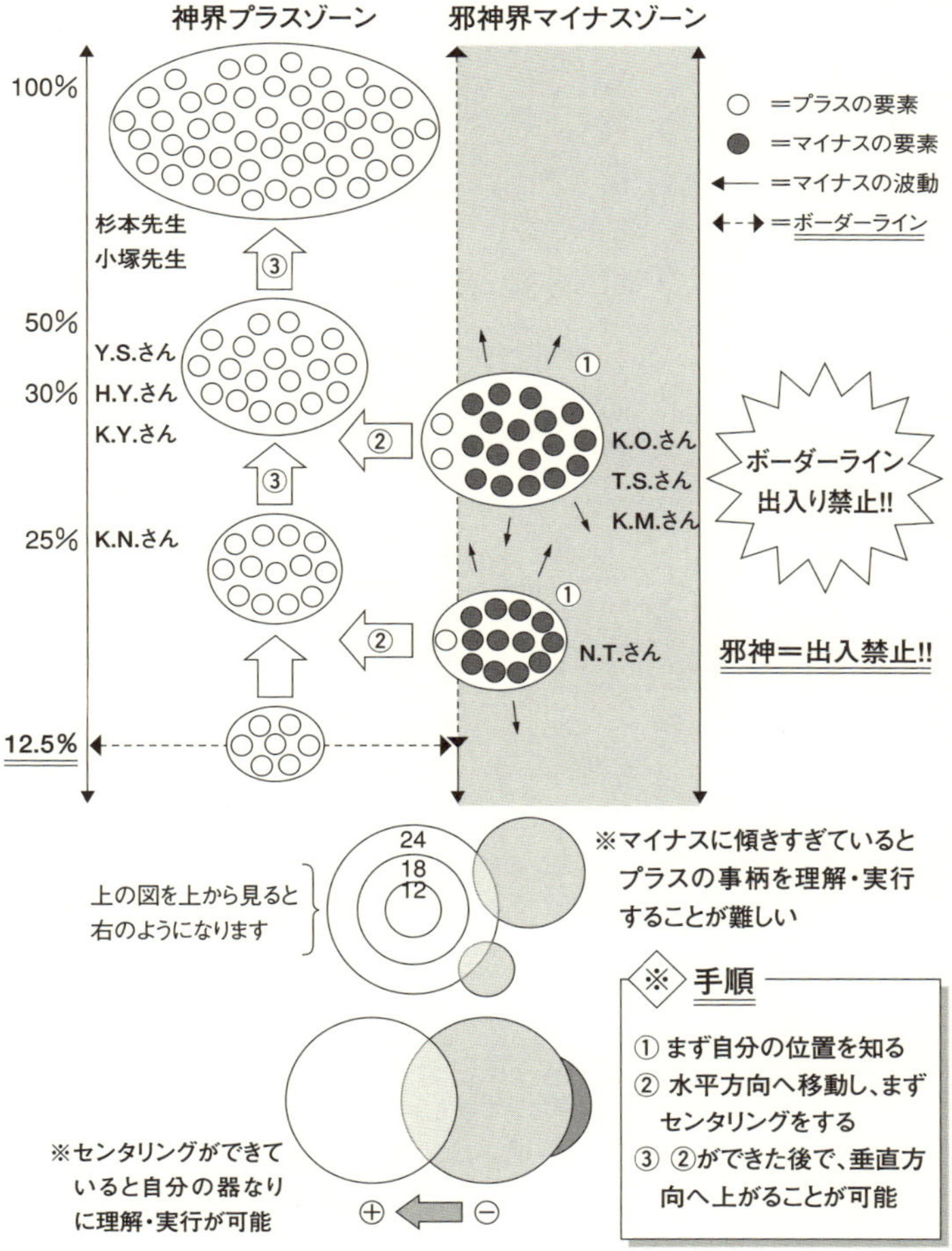

★チベット・エジプト死者の書

肉体が滅んだ後に人間（死者）が行く世界について昔から語り継がれている内容で有名なチベットとエジプトの「死者の書」があります。それぞれについてかいつまんだ内容になりますが、述べたいと思います。

チベットの「死者の書」では、まず死後肉体のどの場所（チャクラ）から霊魂が抜け出すかによって、あの世（死後の霊層界）の行き先が大方分かる（決まる）ようです。皆さんもご存知の通り、肉体には七つのチャクラがあって、一人ひとりどのチャクラが優位に働いているかで霊格や考え方・性格が大体分かります。神・仏とつながる（共振・共鳴する）のも、低級霊・動物霊と引き合う（共振・共鳴する）のも自分次第（自分の霊格・意識レベル＝どのチャクラが優位に働いているのか）ということになります。

そこで、死後はまず四次元（アストラル）界に行くことになりますが、四次元界は全部で七層あります（今は下層部が消滅しつつあるようですが…）。このアストラル界の七層と体のチャクラは正確に対応しています。つまり首から上（のど・額・頭頂部）から霊魂が出て行けば、行き着く先はアストラル界の五・六・七層にたどり着けることになります。同じく首よりも下であれば、それぞれに対応して四・三・二・一層に行くことになります。今大多数の人たちが陥っている感情にとらわれた意識レベルでは胸の第四チャクラが優位に働いていますから、アストラル界の四層があの世にふさわしい行き場となります。

このような人たちは死後も生前とあまり変わりのない世界に行きますので、進化も変化もないことになります。それでもアストラル（四次元）界は便宜上七層ありますので、念のためそれぞれにふさわしい居心地の良い層を比較・確認するチャンスが与えられているようです。一層から第七層までを各層七日間かけて巡り、全行程で四十九日間費やします（これがもともと仏教の四十九日の法要の由来になります）。その結果、一番ふさわしい居心地の良い階層に落ち着くことになりますが、もともとこのふさわしい結果である霊層界に行き着く原因は生前（今生）にありますから、とんでもない高望みや不当な評価などがあるはずもありません。

一方、エジプトの「死者の書」は多少趣が異なっています。こちらもかいつまんだ内容になります。

死後の世界に入る前に霊魂が審判を受ける件になります。片方に生前の行いを記憶した死者の心臓と、もう片方には真実を象徴した羽根が天秤に掛けられます。このときに陪審としてエジプトの神々が列席します（もちろん、この中にホルス神も含まれています）。神々が居並ぶ前で死者は生前の言動を裁かれます。あらかじめ用意されている数々の質問に死者は答えねばなりません。質問に対しての死者の答えが正しくなかったり、嘘・偽り・罪が認められたりする場合には天秤に掛けられた心臓が重たくなり、もう片方に載せられている真実とのバランスがたちまち崩れてしまいます。そして、待ち構えていた怪物にこの心臓は食べられてしまいます。つまり、死者は今後二度と再生・転生ができなくなってしまいます（…何百年、何千年と転生できずに低い霊層界で陥っている霊たちとダブリます）。

一方、晴れて生前の言動が認められた場合は居心地の良い霊層界に行き、来世（転生）も約束されます。ここでもあの世の行き先（ストーリーの展開）が天国と地獄ほどの差が出てきます。しかし、招いた結果の違いは同じく自分自身の言動が原因であることが見て取れます。

チベット、エジプトの書ともに仏・神が存在して、それぞれが信仰しています。しかし、行き着く霊層界は個人個人の生前の言動が基準になっています。神・仏を信じてさえいれば安穏なあの世や来世が約束されると思ったら大間違いです。神や仏はその人が道を踏み外さないように導くことはしますが、その道筋を選択するのは本人の自由意志以外の何者でもありません。

皆さんの中にもよくいますよね。〝カルマが…、前世が…、〇〇だったから今私はこうなのよ〟と、さも当たり前と言わんばかりに他人ごとのようにうそぶく人が…。しかし、これもしょせん反省のない言い訳と屁理屈にしかすぎません。それどころか、なおいっそう自分に不実であることからカルマをさらにつくり出していることに本人は一向に気が付きません。なぜならば、カルマをつくった『時』、前世という『時』、〇〇だった『時』にさかのぼってみれば、相変わらず本人自身の自由意志でその『時』の言動を選択していたことになります。ですから、言い訳を通して逃げているうちは雪ダルマ式にマイナスを重ねるのみとなってしまいます。正面切って取り組まない言い訳を繰り返せば繰り返すほど、清算の『時』に苦しまなければならないのは自分自身以外の何者でもありません。全てが原因と結果の繰り返しで、今に至る全ての筋道の選択は自分自身で成されています。

仮にもし、〝カルマが、前世が、○○だったから〟というのが分かったならば、〝ならば今はなおいっそう、今まで以上のことをやり通さねば！〟という決心と実行でもしない限り、とても自分のまいた種を刈り取るどころではなくなってしまいます。過去からの延長上が今の自分であるという言い訳ととらえ方・後ろ向きの考えでは、何も新しい考えと行動が生まれてきませんから生きていても面白くないでしょう？未来則どころの話ではなくなってしまいます。実際、皆さんの中にこのように後ろ向きではなく、積極的・前向きに実行されている人がどれほどいることでしょうか？

全て自分自身が原因で同じく自分自身に結果となって還ってくることばかりなのですが、お粗末・幼稚な自覚と考え・行動しか繰り返さない人たちが多過ぎます。天命を実行する何か特別な時間を設けたり、割いたりするわけではなくて、今生生きている限りの全ての時間が天命を実行するために充てられています。そして、死後その清算と結果が計られることとなります。神仏とつながるのも低級霊と引き合うのも、原因は自分自身に内在していますので、死んでから特別扱いされるわけではなくて、実際にいつの『時』であっても高次元と、それぞれのふさわしい世界とが共存（共振・共鳴）していることが分かります。

生きていても死んでからも原因と結果が理路整然としてつながっています。このように自然界を支配している法則は単純明快であり、決して何人たりともこの法則から逃れることなどできることではありません。しかし、地球人は個々の自分勝手な思いや考え、行動を、この三次元界でやりたい放題、好き勝手に押し通してきました（私たちが提供する内容を『聴き容れない・受け容れない・省みない』人たちが自分勝手に思い描く理想的世界が本当に現実化するとでも思っているのでしょうか）。

臭いもの（自らがつくり出したゆがみ・ひずみ）にふたをして、どれだけ仮面を被って綺麗に取り繕ったとしても、私たちや高次元はお見通しです。自分自身のためにならない愚かな行為と考えを一体いつまで続ければ気が済むというのでしょうか…。

『内』と『外』について

★エネルギーのベクトル

皆さんは自分を信じているでしょうか。いろいろな場面で、何かを信じること（信用すること）が付きまとっています。実は、そのときに外（モノ・金・他人…）を信じるのか、内（自分の意識・意志・考え…）を信じるのかで、エネルギーのベクトル方向が正反対になります。

例えば病気の場合、医者や薬に依存し過ぎても治りが悪くなります。医者や薬は治すためのサポート手段です。自己不在では治るものも治りません。癌が治っても再発するのは内（自分の意識・意志・考え）が変わらないからです。自分を信じるといっても、偏ったりゆがんだり低い自我にとらわれていては解決に向かいません。

例えば、信じていた人に裏切られた場合、どのように反応するでしょうか。恨んだり、妬んだり、失望したりと外を信じて価値や原因があるとする人もいれば、信じたのは自分の責任であると内側を問題視する人もいます。もちろん、何でも外に責任転嫁をしたり、過剰に自分に非があるとしたりすることも正しい判断ではありません。意識が病んだ現代人の多くは外を信じて内を信じることができません。こうした自己不在の結果は肉体上の病気や精神疾患・理不尽な事件という〝カタチ〟となって現れます。

私は、病気の人に対応するときでも、過去の経験則からでは解決策が導き出せない場合に自分を信じていますから、内側の直観（第七感）から今までにない方法を導き出しています。経験則を当てにしたり、恐怖心に駆られたり、保身が意識にあっては決して解決しなかったであろうことがたびたびありました。対象は自分以外の外の人のことになりますが、意識を自分の内へと入り込ませることによって最善・最良の解決策が見つかります。

皮肉なことに、病んだ他人を通して（施療することで）自分自身を充実させる結果につながっています。来院した人の意識のベクトルは外へと向かい、私を信じます。私の意識のベクトルは内へと向かい私自身を信じます。その結果、大抵の場合病気は改善します。しかし、問題になるのはここからです。私を信用・信頼してくれることはありがたいことですが、依頼人の意識のベクトルがなかなか内へと向かいません。依存のままでは、自らのゆがみが再び病気という〝カタチ〟をつくり出してしまいます。

そこで、内省・内観が必要になってきます。この行為は、自らのゆがみ・ひずみを見詰めて正すのみならず、自分自身を信じていくことにつながります。その結果、いやが応でも中身が充実されてきます。恐れず・諦めずにやり続けるのみです。

★神仏について

よく、信じるとか信じないということで一般的に話題になるものに、宗教や神の存在があります。そこには、神社・仏閣・教会・モスク…など、それぞれに宗教や信仰につなげる場所や建物という三次元上に投影された〝カタチ〟があります。確かに、気持ちを鎮めて落ち着かせるための場所や空間・時間は必要と思います。しかし、全ての宗教的建造物や像や場所が必ずしも高次元とつながっているとは限りません。中にはそのようなことにはまるで関心がなく、自分が満足するために神様や仏様をダシにしている人たちも世の中には多くいることと思います。

真和氣功センターを通じて、皆さんと皆さんの守護神とのつなぎをつける場合、どこの神社・仏閣にお参りに行けばよいのかを出す際に、必ず私が霊視をして確認します。このときに、本来の高次元とはつながっていない場所も時々見つかります。〝カタチ〟はあれども、高次元にはつながっていません。本質・本体が分からない（分かろうとしない）人は、神社・仏閣という〝カタチ〟を信じているために、いともたやすく惑わされ騙されてしまいますが、世間一般の人たちは疑いもしません。このような人たちは一体何をありがたがっているのでしょうか。豪華絢爛な姿形や三次元的表現のリアルさ（？）やご利益なのでしょうか。また、その反動として、イスラム教は偶像崇拝を禁止しましたが、依然としてモスクは存在しますし、唯一絶対の神を信じるために何よりも束縛する教義が本来の自由や創造性をも否定してしまいます。これらの場合、信じている対象は自分以外の『外』の〝カタチ〟に意識が向いています。

以上のケースは、一見『内』なる思いや信心・カミサマという偽装を施しても、相変わらず信じる対象は自分以外の『外』に向かっています。自分自身を信じることができないが故に意識が外へと向かい、カネ・モノ・ヒト・ガクレキ・シャカイテキヒョウカ…という三次元的価値観や薄っぺらな『外』に価値基準を置こうとします。

奈良県にある音楽・芸能の神様として有名な神社のことになりますが、そのご利益にあやかろうと、ミュージシャンや芸能人、霊能者までもが大勢押し掛けるようになりました。さらに、神社の周りの広場で自分たちが好き勝手な音楽や人集めの催しをやりだしました（本人たちは当然そのような行為が良いことで、カミサマもさぞかし喜んでいただいていることであろうと、自分たちの勝手な思いを神様に投影＝押し付けしています）。

ところが、祭神は本来静謐《せいひつ》な場所を好み、人を和ませることが得意な性格ですので、人々の正反対の行動に嫌気がさして元の星へと帰ってしまいました。ですから、現在は守衛さんクラスの眷属《けんぞく》しか働いていません。神様（神霊）と人間の思惑が違い過ぎる例でしょう（神＝高次元と人＝低次元がまったく共振・共鳴せずに、人間だけが勝手に盛り上がっています）。しかし、参拝客はいまだに後が絶えません。これも『外』の抜け殻になってしまった〝カタチ〟を信じているからできることです。

これからの時代は、一人ひとりの意識や見識が問われてきます。付和雷同・右へ倣え、他人の意見に左右される…優柔不断であったり、自分の思いに浸り切っていたり、凝り固まっている人たちは高次元に共振・共鳴（沿わせることが）できないために、やがてふるい落とされてしまいます。『内』（自分自身）を信じて中身（魂）を充実させることなくして進化はあり得ません。

意識の焦点を合わせる相手は『内』＝魂＝本質＝高次元（未来）へと無限につながる道筋になります。ここには宗教という〝カタチ〟は全く存在しません。

★〝モノ〟が存在することとは

私たちは皆、この三次元空間に物質である肉体が存在しています。肉体も〝モノ〟の一つであると認識できますが、〝モノ〟が存在することを皆さんはどのようにとらえているのでしょうか？　私は絵を描いていますので、画家としての観点・視点から述べたいと思います。

絵を描く場合、実際の〝モノ〟が三次元的（縦・横・高さ）形態であっても、紙・キャンバスといった二次元（縦・横）上に落とし込んだ〝モノ〟のエッセンス（要素）を含んだ形や色として形態表現をします。三次元的形態そのものズバリを二次元上に表現することは絶対に不可能ですから、自分なりに咀嚼・解釈したものが、他人にも『伝わる工夫』が必要になります。こちらが表現したいことや意図が相手に伝わらないようでは目的が達せられません。

そこで、表現力や技術力を身に付ける必要があります。高次元（三次元）に存在する〝モノ〟を下次元（二次元）上に元のエッセンス（要素）をたがえずに『伝わる工夫』をするためには、目と手と頭を使う訓練を、実習を通して体得しなければかなうことではありません（何年も何年も、場合によっては一生を通して）。そして、ようやく自分の思いを自由自在に表現することができるようになります。

しばしば写真を見て絵を描く人が見受けられますが、初心者にはあまり好ましくなく、勧められない方法になります。というのは、写真は既にカメラという機械が二次元に変換してくれていますし、写真そのものの大きさが実物よりも縮小されていることが多いため、自分の目と頭を使って三次元上の〝モノ〟や〝構図〟を二次元上の制約された紙の大きさに表現する『伝わる工夫』をしていません。皆さんが私たちの使う言葉や小冊子の文字から軽々しく引用しても相手に伝わらなかったり、自分自身で咀嚼《そしゃく》・理解したり身に付いたりしているわけではないのと同じことになります。こんな安易で愚かな行為を何回繰り返したとしても、決して自分の実力として身に付くわけではありません。借り物は〝借りたモノ〟であって、〝ホンモノ〟には変身しません。自分を鍛えずに〝空手の通信教育を受けて黒帯をもらいました！〟というぐらいに滑稽で、実際には何も役に立たないお粗末さになります。

私は音楽家ではありませんが、音楽についても同じことがいえるのではないでしょうか。また、いつも真和氣功センターにお手伝いに来てくれているNさんがおいしい食事を作ってくれますが、こちらもやはり同じことだと思います。当然、文章表現にも当てはまりますよね。

では、日常的な思考や会話、行動はどうでしょうか？　恐らく自覚のないまま何気に、さも当たり前であるがごとくやり過ごしてしまっていることでしょう。〝考え方や行動を正す〟と、このように文字では簡単に表現できてしまいますが、その実態や裏付けが伴っている人が果たして何人いることでしょうか？

私が絵を描く場合、デッサンの狂いや構図、色彩のバランス・調和を見る（正す、確かめる）ときに必ずやることがあります。いつも同じ視点・角度から長時間見続けていると、狂いや異常（ゆがみ・ひずみ）に気が付かない錯覚に陥ってしまいます（自分の考えや行動に間違いがなくて正しいのだという錯覚・自惚れ）。そこで、しばらく絵を裏返しにして見ないでおいたり、上下を反対にして眺めたり、鏡に映して左右反転させて眺めたりして確かめます。このとき、上下左右が反転しても違和感がなければ手直しする必要はありません。しかし、実際は狂いや異常（ゆがみ・ひずみ）は反転したことによって非常に自分自身で見つけやすくなってきます。長時間慣れ親しんだ自分だけからの視点ではなかなかおかしなところに気が付きませんが、このように自分自身で視点や見方を積極的に変えていくことで、ゆがみ・ひずみが正されて、より良い〝モノ〟が構築されていきます。もしも自分自身、独力での修正が不可能だったり、気が付かなかったりするようであれば、私たちや周りからのアドバイスを『聴き容れる』しかないことと同じことになります。

何事も口先だけや文字並べのお遊びでは絶対に身に付きません。本当に自分の〝モノ〟として身に付けるためには、やはり訓練や実習が不可欠になります。自分自身を充実させる努力なしに、他人のせいにしたり（言い訳）、他人・事から与えてもらう受身一辺倒だったりでは進化するはずがありません。真和氣功センターに長年かかわっているという安心感からであったり、私たちと顔を合わせることがたやすくできたり、勉強会に参加したり、周りの人たちがさまざまな経験をしていることを知っていたりで、自分も同じであるとの錯覚をしている人がいるのではないでしょうか。それこそ〝虎の威を借る狐〟にすぎないことを自覚しなければなりません。皆さんは自分自身の実力の程を正しくとらえているのでしょうか。

さて、元の絵の話に戻ります。絵描きはよく〝空間表現〟ができているかという言葉を使い、価値あることとして認識しています。そのほかにも〝デッサン力・構図・色彩・ヴァルール・バランス〟などの重要な要素があります。この〝空間表現〟（＝発振）の前に〝空間認識〟（＝受振）ができなければ始まりません。例えば目の前に一つのコップがあるとします。どのような色・形・素材でも構わないのですが、三次元上の物質ですから〝モノ〟として誰にも認識ができます。このコップを白いＡ４サイズの紙に鉛筆で描く場合、実際皆さんはどのように目でとらえて、頭を使って、手で表現をするのでしょうか？　バックを描き込む場合は多少違ってきますが、大抵の人の場合はまず一生懸命にコップそのものを描くことに集中してしまいます。ですから、〝モノ〟であるコップを見て（＝受振）コップそのものを白い紙に表現（＝発振）しようと専念します。この場合、周りの空間（空気）には目で焦点が当てられていませんし、頭を使った意識の上でもコップにしか意識が集中（＝受振）されていません。そのため表現（＝発振）も不十分で、本来あるべきごく一部分の〝モノ〟しか描かれないことになります。したがって、コップの描かれていない紙の余白は相変わらず余白としての紙のままの価値しかありません。

一方、卓越した絵描きの場合は、コップだけではなく周りの空間（空気）も目と頭を使って同時に読み取ります（＝受振）。その結果、手で表現（＝発振）されたものは、たとえコップのみが鉛筆で描かれていたとしても、そこには画家が感じ取った空間や空気までもが描かれています。したがって、コップの描かれていない紙の余白でさえも空間や空気が表現されていて、活き活きとして『伝わって』くるのです。

かつて、柳生石宗斎が宮本武蔵と道場で試合に臨んだ折、柳生石宗斎から「道場の外で小鳥がさえずっていたが、（武蔵は）聞こえたか？」と問い掛けられたものの、周りを見る余裕がなく小鳥の声が聞こえていなかった宮本武蔵と同じ受振のスタンスになりませんか？　同じ空間・場を共有していながら、受振する内容や意識の使い方がまるで違います。対象物しかとらえることができなかったり、自分の視点（位置）からのみの解釈・受け取り方だったりでは、まだまだ意識レベルが低い証拠になってしまいます。周りの雰囲気・空気を読み取ったり、自分の置かれている立場を理解できたり分かったりしないで自己主張を通すことも、同じく低い証拠となります。

〝モノ〟が存在するためには、周りの空間や空気が必ず存在します。逆に言えば、空間や空気が存在しているからこそ〝モノ〟が存在できることになります。決して〝モノ〟が単独で（分離して）存在しているわけではありません。両者を切り離してしまうことは不可能なことなのです。神様・先生・周りがあってこそ自己が存在することも同じことになります（六一頁）。エネルギーの循環を欠いた（分離した）存在である〝モノ〟とは、やがて病み、破綻の結果しか起きないことになります。私たちが提供することを『聴き容れ・受け容れ』て、『意識の視点』を変え、高めることなくしては、ゆがみがますます拡大する一方となります。

また、絵を描く際には、紙やキャンバスの決まった大きさが全体の枠組みになります。その全体の枠組みの中に〝モノ〟やモノ同士や空間が存在していることになります。したがって、一番の優先順位は動かすことのできない枠組み（紙やキャンバスの大きさ）で、それ以外の全てが全体の中の部分ということになります。ですから、一番の優先順位である全体（枠組み）から見ておかしなところや自己主張し過ぎて強過ぎるモノや部分は修正しなければなりませんし、反対に弱過ぎる主題のモノであれば強めなければなりません。また、部分的に気に入っていて、そこはどうしても変えたくない場合も時には出てきます。そのような場合は、部分に合わせて全体を整えたりします。

しかし、いずれの場合であっても、全体の枠組みから見ての部分であることには変わりがありません。プロや達人は、全体から見てバランスや調和を欠いてしまっては良い作品とは言えないことを嫌というほどわきまえています。そこで、師匠たる人は弟子にこの絶対的基準にも値する法則を身に付けるようにと、心血を注ぎ込むべく教えようとするのです。その反対に、頑冥な弟子や一般の素人は、部分という一側面にとらわれ大事にしてしまうため、全体から見れば基礎やバランスや調和が欠けていることにも平気で無頓着でいられます。

こうして、いつまでたってもそれ以上の進歩や地道な積み重ねができないままでとどまってしまいます。ギスギス、ギクシャク、バタバタとして決してしっくりとはしてきません。もちろん、動かしてはいけない優先順位などはどこ吹く風でメチャクチャになっています。本当に心底身に付けたいと思うのであれば、『聴き容れ』て、優先順位を正さねばいつまでもできずじまいになってしまいます。

さらに、言葉・文字に言霊《ことだま》があるように、私たち芸術家は生み出した一つ一つの作品を自分自身の分身としてとらえています。これは何も芸術家に限ったことではありませんが、皆さんも自らの言動は自分自身の分身であるという責任と自覚が必要であるはずです。それがたとえモノではなくても、言葉や文字にしなくても本人の氣（意識）が込められています。ですから、言葉や文字として表わさなくても心の中で思えば同じことになります。私の場合、絵というモノにも氣（意識）が込められていますし、皆さん自身がつくり出したゆがみとしての病気にも氣（意識）一つで正したりしているわけですから、全て自分自身の氣（意識）で正しい方向に向かえないはずがありません。

破綻や病むことは全体の枠組み（宇宙的視野）から判断すれば、全て不調和や部分的自己主張（分離）が強い（勝っている）からこそ起きてくることが分かります。動かしてはいけない優先順位をおろそかに扱っているから、そのしっぺ返しが自らに還ってくることとなってしまうのです。〝モノ〟が存在するためには周りの空間とのかかわりが不可分となります。さらに、宇宙的マクロの視点から判断した全体と部分の兼ね合いや法則があります。このことを個人個人の意識レベルに置き換えても同じことで、そこにはフラクタル（相似形）の構図が当てはまります。

紫の龍について

★紫の龍

私が住んでいるのは東海地方ですが、台風などの災害が及びそうなときには、私は大抵の場合、精霊界に働きかけています。〝カルマの清算のために必要でなければ直撃は避けてください〟と。ただし、その後の進路のことは何も働きかけていません…。

ある年の台風が迫っていた夕刻のこと、私は夜の部の施療に備えてひと眠りしていました。その間、私は幽体離脱をして高次元に帰っていたようでした。上では誰かに向かってしきりに同じことを言っていたようでしたが、誰に何を言っていたのかは、目が醒めた途端に忘れてしまいました。

しかし、覚えていたこともあります。目が醒める直前に大きな虹をくぐって自分の肉体に戻って来たのですが、その虹の一番内側の紫色の環から生え出している一匹の大きな龍が、私に向かって語り掛けてきたのでした。テレパッシックに会話が成されていますが、なぜか日本語とスペイン語のチャンポンでした。

紫の龍「(命令通り、台風は名古屋を) それました。MAESTRO《マエストロ》!」
私「GRACIAS《グラーシァス》 AMIGO《アミーゴ》. ADIOS《アディオス》 HASTA《アスタ》 MUY《ムイ》 PRONTO《プロント》.」

MAESTRO：師匠、先生、親分
GRACIAS AMIGO：ありがとう友よ
ADIOS：さようなら…もともとは神々によろしくの意
HASTA MUY PRONTO：近々再び逢いましょう

この会話の後で目が醒めたのが、ちょうど午後五時四十五分でした。しかし、目が醒めた直後はこの会話さえも直ぐに忘れてしまっていました。何を見て、誰と何の話をしていたのか、ついさっきのことが思い出せないでいたのでした。

このようにモヤモヤしているうちに、午後六時から夜の部の施療が始まりました。そこでふと、閉めてあったカーテンを開けてベランダに出た途端に、綺麗な虹がくっきりと出ていました。しかも二重の虹で、見事に半円形の弧を描いていました。この虹を見て、先程の場面と会話を思い出すこととなったのです。

スペイン語は三十三年ぐらい前にスペイン人の神父さんに少々習っただけで、以後はまったく使える場面のないままに忘れてしまっていました。先程の虹と紫色の龍は、真和氣功センターに掛けてある私が描いた絵にそっくりでした。しかし、なぜスペイン語だったのでしょうか？

その日の仕事が終わって、施療に来られた会社経営者のFさん（男性）を自宅まで送る車中でこの話をしている最中に、閃きました。エルニーニョ⇕ラニーニャ、人間はともに異常気象としてとらえています。海水の温度が上昇（暖流が優位）⇕海水の温度が下降（寒流が優位）、こちらもスペイン語です。

エルニーニョ…語訳は男の子、もともとは神の子、神からの贈り物の意

ラニーニャ……語訳は女の子

やはり、宇宙的規模・地球的規模で確実に変化が進んでいるようです。人間だけの都合からの視点や価値観からで、異常だの天変地異だのとはもはやいえない切迫した状況と思われます。精霊界よりも、もっと上の次元で誰と何度も同じことを私が言っていたのかが思い出せませんが、実際に今という『時』に何が起きても不思議ではありません。

★紫の龍：その前の出来事

前述のメッセージ『紫の龍』にまつわる肝心な話、紫の龍に出会う前を思い出しました。私が高次元で出会い、話をしていた相手は大綿津見命《オオワダツミノミコト》でした。話の内容は思い出したのですが、相手が誰なのかが分からなかったので小塚先生に通信をしてもらい確認をしました。私の親しい友人（神）の一人です。

以下は、思い出した会話です（私→S、大綿津見命→O）。

S「人間はまだまだ準備などできていない」
O「高次元では既に決まっていることだ。人間の都合で〝大いなる事〟が成就されたり延期されたりするものではない」
S「私が肉体を持って直接指導したり、氣を送ったりしても、実際についてこられる者はわずか数名しかいない。後は皆幼児並の意識しか持ち合わせていない。私が可能性を追求するお手本を示しても、彼らは一向に見習おうとしない。直接身近にいる人間がこのありさまでは、地球規模の人間たちが一体どれほど自覚ができているというのだ？」

O「宇宙的動きを止めたり遅らせたりできる者など存在しない。人間嫌いの君がいつから人間の味方になったのかね」

S「人間の味方をしているつもりはないが、現状の意識レベルがあまりにもひど過ぎて幼稚であることを事実として述べているだけだ。再三言うが、この私の身近にいて見習うどころか影響や共振・共鳴さえしない。こんなにもデキが悪いとは、人間とはそんな程度なのかね。それとも、私がよりによってデキ悪だけを寄せ集める貧乏クジを引いたとでも言うのかね？」

O「確かに、君のように強い性格の影響を受けないというのは私も理解に苦しむが、そのような動向のいかんにかかわらず、大いなる動きが変更されるものではない」

S「それは私も十分に承知していることだが、彼らが可能性も追求しない、チャンスも活かせないからといって、指を咥えて黙って見ているわけにはいかない。もちろん私は、自分のやるべきこととして手抜きをするつもりは毛頭ないが…。実際、肉体を持たない君たちは何も苦痛に思い煩わされることなどなかろうが、彼ら（人間）は受け容れがたい苦痛や不幸を感じながら肉体から離れていくのだよ」

O「それもやむを得ないこと。君も十分に分かっていることだろうが、肉体があろうがなかろうが、それにふさわしい波動意識レベルの世界にしか住めない。肉体が存在する三次元界が、裏を返せば非常に特殊な世界とも言える。なにせ、君のような逆に三次元界にふさわしくない卒業生から、人間に成り立てホヤホヤの赤ん坊クラスの魂までもがこの地球という特殊な星の環境においては同時に混在できる。他の星々や厳密なすみ分けのできている、今君が戻って来たこの高次元では絶対に経験不可能なことを、地球では可能としているのだよ。そういう意味では、これ以上の可能性がどこの世界にあるというのだね。全てはわれわれ以上の高次元の計らいというものだ。高いも低いもプラスもマイナスも、全て混在している。ほかに比類のない可能性の選択肢の幅が広い実験地として高次元が創成したのが地球という星になるわけだ。その地球という類まれな好条件の環境下で、彼ら人間は何でも自由に選べる意志と意識を与えられている。今までにも、その中に降り立った指導的立場の高次元からの使者は何名もいたのだが、実際に高次元の使者に共振・共鳴できた者がどれだけいたことだろうか。彼ら人間は、そうたやすい手合いではない。高次元から見れば失敗と判断することも、皆人間の自由意志を尊重しての結果である。今から結論めいたことを話すのは早いかもしれないが、仮にうまく彼らを導けなかったとしても、君の評価は高次元が認めてくれるだろう。大いなる決定事項のアセンションの前段階として、いよいよ破壊が始まる」

S「私に対する評価などは今の時点では何も考えていないし、評価されること自体は自分で決めることではないから、興味もない。それよりも、破壊が避けられないとなると、これは創造の前と解釈してよいのだろうか？」

○「君も見て知っている通り、破壊後は三通りの可能性の選択肢がある。現時点では私にもその後がどのような筋道をたどるのかは分からない」

★紫の龍：救済策

私と大綿津見命《オオワダツミノミコト》との会話は、前述の通りですが、大勢の人たちが天変地異や異常気象の中で肉体の死を向かえることになった場合、霊層界にての救済措置が講じられます。私たちとは別の高次元グループがこの任務にあたります。

かつて阪神大震災の直前、私が経験したことがあります。ちょうど、生駒山で氣功の合宿をしていた震災の前日、外氣功を受けていたときに、男の人たちの力強い合唱のようなものが聞こえてきました。何語かは分かりませんが、日本語ではないような言葉でした。その発音のリズムは般若心経のようにも聞こえました。私の経験では、めったに声として聞こえてくることがなかったので、意味も分からずに不思議な思いでいたのを、今でもはっきりと覚えています。

事が起きた後から思えば、なるほどこういう意味だったのかと納得しました。高次元では既に分かっていた事柄で、肉体がなくなった霊たちを救済すべく準備がなされていたことになります。

しかし、自分の思いにとらわれて高次元からの導きを『聴き容れない・受け容れない・分からない』霊たちは、相変わらず低い霊層界にとどまるのみとなります。この『○○ない』というＮＯ！の意識の姿勢が、死んであの世に行ってから百八十度翻ってＹＥＳ！という『聴き容れる・受け容れる・分かる』という意識の姿勢に変わるわけではありません（何百年、何千年と転生できずに低い霊層界でとどまっている霊たちを見れば分かる通りです）。

救済される霊とは、もともと生前にＹＥＳ！という素養が多かったことに起因するからにほかなりません。そのような霊たちだからこそ、救援活動をしている高次元から派遣された者の導きを素直に『受け容れる』ことが可能となります。救済する側の立場としても、まず『受け容れる』前に散々自己主張をしているようでは、とても多くの霊たちを救済することは不可能になってしまいます。

全てに原因と結果がつながっていますので、再三同じことしか言いませんが、意識の姿勢が正されているならば肉体があってもなくても同じことになります。反対に、どれだけ化けの皮を被っていても、霊層界では意識そのもののふさわしい場にしか行けません。ですから、生きている『時』の意識の姿勢の原因が死んだ後の行き場（霊層界）という結果となって、自ら選んだふさわしい場所に向かうだけのことになります。

第四章　浄化と施療

霊の浄化

宇宙の大きな変化、すなわち地球を取り巻く波動が物質的な性質から精神的な性質に変化することにより、三次元界（私たちが住む世界）では、物質文明時代に蓄積された地球規模のカルマの清算や、現状を好み変化を望まない人と宇宙の流れに沿って変化しようとする人との二極化など、不安定な状況があらゆる所で垣間見ることができます。

生死に伴って私たちの魂が行き来する霊層界（四次元界・五次元界・六次元界、またはアストラル界・メンタル界・コーザル界の総称）は三次元界と密接な関係があり、そこでも同様に波動の影響を受けて二極化が進み、変化を望まない意識の低い霊たちが集う層は崩壊の道を歩んでいます。なぜなら、宇宙の変化とともに三次元界が意識の面で進化していく中で、意識の低い（変化を拒んだ）人たちがその世界になじめず脱落していく姿が、霊の世界でも同じように当てはまるからです。

では、霊層界は現在どのような状況にあるのでしょうか。また、霊層界の低い層にいた霊たちを救うには、どうすればよいのでしょうか。さらに、そうした霊たちを救うことが、私たちの世界にどのような影響を及ぼすのでしょうか。

★霊層界の現状

霊層界のアストラル界は、下部より一層〜七層まで七つの層に分かれていますが、現在ではそのうちの二〜五層がなくなっています。残るは七層〜六層と一層だけです。

霊層界では大混乱が起きています。アストラル界の一層にもいられる場所がほとんどなく、行き場を失った低い層にいた先祖の霊たちは、三次元界に降りて子孫に現象を起こしています。また、霊層界に起きてきていることが、時間を経て私たちが存在する三次元界にも起きてきます。実際に病気など何らかの現象が起きてきている人が多いと思います。

皆さんは、誰もが先祖とつながっています。身近な先祖霊の浄化からプラスを発振していきましょう。杉本先生に浄化していただくと、アストラル界の六層以上に落ち着きます。六層以上は今回の波動の変化（物質世界から精神世界へと移行する変化、地球においては三次元レベルから四次元レベルへと進化する流れ）による崩壊はありません。そのため、多くの先祖の霊たちは杉本先生に浄化してほしいと訴えています。

★先祖浄化の違い

真和氣功センターの氣功士である杉本先生が霊を浄化すると、浄化された霊はアストラル界の六層以上に落ち着きます。カルマの数・魂の充実度合いで落ち着く位置が違ってきますが、杉本先生が浄化すると瞬間に大半のカルマが解消されて、同じ六層の中でも順位があり、高い位置に落ち着きます。

そこで霊自身が宇宙の原理・原則を勉強し、心を癒し、ゆがみ・ひずみを正して意識を高めていきます。

杉本先生以外の人が浄化した場合、霊のカルマが多過ぎて高い霊層界に上がれません。ほとんどの霊がアストラル界の一〜五層の間で落ち着いていますが、今はその層がなくなりつつあり、この場所にいる霊たちが三次元界に降りて来ています。

このような宇宙の変化のため、一人でも多くの先祖の霊を杉本先生に浄化していただく必要性があります。霊層界の霊たちと三次元界の私たちは深くつながっていますので、先祖の霊たちが高次元にいることで三次元界＝この世が変わります。

★先祖浄化の意味

以下は、会社経営者のKさんと杉本先生とのやり取りです。


（Kさん）

先祖浄化・各カルマの浄化・守護神とのつなぎ、全てありがとうございます。

今回杉本先生に、私と妻の先祖三代前まで浄化していただき、全てアストラル界の六層以上にあげてもらうことができ感謝しております。一カ月後に四代以前を浄化していただくと伺っております。よろしくお願いします。

先祖浄化の件で一点確認をさせてください。

私の天命の一つに「先祖浄化」がありました。これから、さらに私どもの先祖が高い層に上がっていくために私にできることは、何があるでしょうか? 自分がすべきことがあればお教えください。

(杉本先生)

先祖と、肉体を持ってこの世に存在する私たちは、誰でもチャクラを通してつながっています。これは血のつながりのない、人と人との関係でも当てはまります。中でもDNAを共有する先祖とはお互いに共振・共鳴する要素が濃い関係にあり、とりわけ密接な関係が成り立ちます。ですから、先祖が病んでいたり、低い霊層界で苦しんでいたりすると、子孫に同じ現象を再現させたり(同じ病気や症状など)、身近な人を通して訴えてきたりするケースがよくあります。

その反対に、先祖が浄化されて高い霊層界に行くことによって、感謝の思いや念・氣・波動が還ってきます。また、先祖の中にはどこか地球の別の地で転生しているケースも多くあります。当然、その見知らぬ人にもこの癒しの氣が届くことになります。したがって、直接的には血のつながりのある先祖を通して浄化をしますが、氣のネットワークととらえると分かりやすいかと思いますけれども、浄化すればするほど複雑化されて壮大な構図やエネルギーが循環されてくることが読み取れるのではないでしょうか。

さらに先祖の上位の守護神とつながり、エネルギーやインスピレーションとしてプラスの氣が循環することになりますから、その効果は計りしれないものがあります。

もちろんこれで終わりではなく、Ｋさんがプラスの発振・行為をすることによって魂が充実されれば、その結果のエネルギーも先祖に届き、よりいっそう多くの人や霊も同じくその効果を共有することになります。周りの人たちにも同様の効果を享受する方が必ず出てきます。

このように、目には見えないつながりが誰にでもあります。せっかくならばお互いに良い関係とつながりを持ちたいものですが、実際はその正反対だからこそ、病んだり、おかしな社会になったりしてしまったのです。Ｋさんの場合、本人のみならず以上のいろいろな効果がプラスの事柄を加速させています。

エネルギーと宇宙

★エネルギーの流れ

リラの大神様↓杉本先生・小塚先生↓天火明命《アメノホアカリノミコト》・守護神↓先祖↓本人

リラの大神様は、宇宙全体を統括している指導者です。リラの大神様に順次したがって星々や神々も協力体制をつくり、渾心の思いで私たちを導いてくださっています。この高次元からの導き（エネルギー）を効率良くストレートに受け取るには、ゆがみやカルマを解消し、自我をなくすことが最低条件となります。

杉本先生・小塚先生は、精神社会のひな型を創り、地球を次元上昇（アセンション）へ導くという使命のためだけに、魂の発生時よりいろんな星々へ転生を繰り返し、経験をしながら試練に耐え、多方面から学び勉強して現在に至っており、他の神々よりはるかに質・能力ともに優れています。お二人の能力はそれぞれ違う面がありますが、一つの場を共有しながら同じ目的を成功させようと、調和を取りながら常に進化されています。

★宇宙とのつながり

本人→先祖→守護神→宇宙（天）

まず、先祖と正しくつながるには、先祖の霊の浄化をして霊を霊層界の高い世界（層）に上げ、先祖が子孫をサポートできる意識状態にならなければいけません。そのためには、杉本先生に浄化していただく必要があります。

次に、守護神と正しくつながるには、小塚先生の霊視により守護神を教えていただき、杉本先生に守護神とつなげていただきます。要は、杉本先生が「後からこういう者がお参りに行くので宜しくたのみます…」というようなことを、その神様に伝えておいてくださるわけです。そして、その守護神が祀られているお寺や神社にお参りに行き、「守護神として働いてくださいますようお願いします」とお願いします。きちんと守護神が宿っている所に行きましょう。中には〝ヌケガラ〟になってしまったお寺や神社もあるようです。先生にお聞きすれば神様が宿っているかどうか教えてくださいます。

守護神は宇宙（天）とつながっていますので、これで本人（自分）から宇宙（天）への正しいつながりが確立します。この状態で、エネルギーを受け取る際に不要な自我やカルマなどの自分自身のゆがみを正せば、高次元からのエネルギーをストレートに受け取ることができるようになります。

★守護神とつながる

真和氣功センターで施療を始めると、必ず先祖の浄化を勧められます。その理由は、私たちの肉体や魂は先祖と非常に強いつながりを持っているからです（先祖のＤＮＡを引き継いでいるので当然ですが…）。

先祖は、現世に存在する私たち子孫を助け導いてくれる存在ではありますが、逆に、私たちに頼ってくる（すがってくる）存在でもあります。霊層界の低い層にいる霊は、私たちが高次元のエネルギーである氣を受けていることを知ると、浄めてほしさにすがってくるために「霊障」となり、私たちの肉体や精神にさまざまな異常が現れます。その勢いはすさまじく、お金がないから…などの理由で先祖浄化を行わずに真和氣功による施療のみを受けていると、先祖の霊が次々とすがってきて、取り返しのつかないことにまで発展しかねません。今現在では、霊層界のアストラル界が崩壊していることもあり、すがってくる霊が後を絶ちません。自分だけ良くなれば…という考えでは通用しないのです。

杉本先生・小塚先生の氣という素晴らしいエネルギーを頂くからには、それに見合った奉仕（行動・還元）をしなければなりません。

「エネルギーは循環させなければならない」という「宇宙の法則」があります。私たちは宇宙の中に存在しており、この「宇宙の法則」に従わざるを得ません。これを無視してエネルギーをため込んでいると、エネルギーが鬱積し、良くない症状や現象を引き起こしてしまいます。エネルギーは、ため込んでいても不足していても良い状態ではありません。循環してこそ健全な状態になります。

「お金」というエネルギーも、お金を払って先祖を助けることによってエネルギーが循環します。また、こうして正しく使ったお金は、きちんと回って返ってくるものです（必ずしも「お金」という形ではないかもしれませんが…）。

自分だけでなく、自分が最もお世話になった先祖にも良くなってほしいと願い、助けることは、精神社会においては当たり前である「無償の愛」なのではないでしょうか。

杉本先生に浄化された三代前までの先祖の霊は、急に高い層（今までいた所よりはるかに明るく眩しい世界）に上がるため、その世界で落ち着くのに一週間から一カ月ぐらいかかります。浄まった先祖が落ち着いたら、その先祖たちに四代以前の先祖の霊を杉本先生が浄化する際に協力して上（高い層）に引き上げてくれるようにお願いします。

先祖浄化を行うことにより、先祖は私たちを助けてくれる存在になり、病の改善も格段に早くなるとともに、先祖の霊による霊障に悩まされることもなくなります。先祖の霊は、明るい世界に行くことができて大変喜ぶようです。

また、宇宙エネルギーである氣を受けることによる効果を最大限に得るには、宇宙（天）と正しくつながりを持つことが必要です。宇宙（天）とは「本人→先祖→守護神→宇宙（天）」という順序でつながりを持つことから、先祖と正しくつながることが、いかに大切かが分かると思います。

結婚されている方は、相手方の先祖浄化も必要です。お子さんがいる場合など、お子さんから見れば、両親の先祖が自分の先祖になるわけで、片方の先祖しか浄化しないと、もう片方の先祖がお子さんに頼って憑くこともあります。

守護神とは、高い次元から私たちを導き、指導し、守ってくれる存在です。誰にでも守護神はサポートしていて、常に見守っています。杉本先生に先祖浄化をしていただいた後に、真和氣功センターでお願いすれば、守護神とのつながりを強めることができます。

守護神との強いつながりは、宇宙と正しくつながりを持つために必要です。病を正したり、意識のゆがみ・ひずみを正したりするには、このつながりが大切なのです。先にも触れましたが、宇宙（天）とは「本人→先祖→守護神→宇宙（天）」という順序でつながっていますので、正しくつながることにより、守護神と先祖が協力して、さまざまな局面で今まで以上に私たちを守ってくれます。

霊体施療について

霊体施療は、真和氣功センターにおいて最も次元の高い療法です。その内容は、私たちのような低い次元の存在にとっては究極の愛であり、また次元の違いをまざまざと感じさせられるものでもあります。

霊体施療はどのように行われるのかという方法だけでなく、施療する側である高次元の意図、受ける側の姿勢や条件など、霊体施療にまつわる学びをここではご提供します。

★霊体施療とは

真和氣功センターで受けることができる療法の中でも最もレベル（次元）の高いもので、カルマの浄化などでは対処できない症状に対して霊体施療を行います。高度な施療といっても、肉体にメスを入れたりはしません。本人は横になって、ジッとしているだけです。

霊体施療は、目に見えない高次元の体のゆがみ・ひずみを、氣の送り手である杉本先生・小塚先生と、その氣のエネルギーを利用して施療する神様によって行われる共同作業です。つまり、先生が発する氣で場を高め、そこに神様が降りて来て霊体を施療してくださるのです。ほとんどの場合、十三～十五次元ぐらいの神様が降りて来てくださるのですが、十三～十五次元界という所は、三次元界（私たちの肉体が存在する世界）の私たちからは想像もできないほど眩しい光の世界なので、神様から見れば三次元界は真っ暗闇の世界ということになります。高次元の神様は、危険を顧みず、労力を惜しまず、施療するために私たちに近いレベルの世界まで降りて来てくださるのです。まさに、大イベントです。

ただし、誰でも受けられるというわけではありません。霊体施療では非常に高いエネルギーを受けるため、本人の霊格がそのエネルギーに耐え得る状態まで高められている必要があります。さらに、先生と神様の両者が霊体施療を行うことに同意しなければなりません。つまり、先生と神様に同意してもらえるぐらい意識が高くなっていなければ無理ということです。

霊体施療後のメンテナンスは非常に大切です。施療後の肉体を癒すために、そのエネルギー源である氣を一定期間、継続して受ける必要があります。小塚先生が神様と通信して、一週間に真和氣功センターに何回通い、氣功水を何本飲めばよいのかを教えてくださるので、施療後一カ月ぐらいはその通りにします。おおよそ一カ月おきにメンテナンスのペースを小塚先生に確認します。メンテナンスを怠ると、せっかくの施療も台無しになってしまいます。

当然のことながら、霊体施療さえやっていただければ全て解決というわけではありません。受身の姿勢だけでは病が完全に良くなるはずもなく、再び同じ病にならないようにするためには意識を高め、病をつくり出さない自分になることが必要不可欠です。ただ「ありがとうございました」と感謝するだけでは、大変な苦労をしてくださった先生方や神様に対してあまりにも失礼です。自分を正し、魂を磨くことに心底専念することで、先生方や神様に恩返しができるのであり、本質に沿った生き方ができるのです。そのために何をするべきか、何ができるかを考え、すぐ行動に移すべきです。

★氣功療法などの霊的施療

本来、氣功療法などの霊的施療はどうあるべきか、また、真和氣功センターで行われている氣功療法の特徴や先生方の役割をここではお伝えします。見えない世界のことを扱う氣功療法家にしろ、効果はあれども、なぜそうなるのか現代では証明できない氣功療法にしろ、見えないから、分からないから何でもあり、というわけにはいきません。見えないからこそ、分からないからこそ、信頼される療法家であり、信頼できる施療内容でなければなりません。

何をもって信頼できるか否かは、療法家なり施療内容が本質に沿っているか否かが判断の基準になりますので、精神社会を迎えるにあたり一般的な医療となっていくであろう氣功療法を正しく受けるためには、私たち一人ひとりがしっかりと本質を理解する必要があります。

［真和氣功センターの氣功療法の特徴］

杉本眞人先生・小塚厚子先生の使命・役割は、次の通りです。

（一）大勢の人々のカルマを解消することによって、各自の潜在能力を引き出して高める。
（二）施療を通じて各自の意識改革をしていく。
（三）新しい行政・教育・医療・経済のひな型を創り上げて世界に見せる。
（四）地球をアセンション（次元上昇）へと導く。

両先生は、これから続く精神社会の土台を創っています。この土台を創っていくには、まず人間を育成しなければなりません。真和氣功センターはそのためのリーダーになる人を育成し、そのひな型の先駆けとして動く人・動かす人の意識改革を行っています。精神社会への適応製品などは、高次元（神様）が適宜提供してくださいます。

［杉本先生・小塚先生の能力と氣の特徴］

＊カルマを解消する
→外氣功を受けるだけでも軽いカルマは解消される。
・宇宙の原理・原則に基づいた氣
・正しい方向に引き上げる強い氣
→（地場・カルマ・ゆがみ・ひずみなど）浮き上がらせて浄化する。

＊先祖の霊を浄化することができる
↓高次元の光の世界に上がった霊たちは、私たち同様肉体を癒し、霊格を高めながら、より高い霊層界へと浄まっていく。

＊霊体施療が可能
↓日本で杉本先生・小塚先生にのみ与えられた能力。

＊世界最高の銀色の氣が出る（現在、宇宙全体を統括されている指導者であるリラ星の大神様の色）
意味…破壊・創造・強い意志・行動力／実行力＝リラ星の大神様の波動。

チャクラについて

チャクラは霊的エネルギーの出入り口の中心的な役割を担っており、私たちは皆、チャクラを通してつながっています。チャクラに異常をきたすと、肉体的にも意識の面でも不健康・不健全となり、周りとの調和も取れなくなり、意識レベルを大きく下げてしまうことになります。チャクラが閉じている、通常（右回り）とは反対に回っている、エネルギーそのものが弱いなど、チャクラが異常をきたす原因は、これも本人の意識にあります。つまり、意識に問題があるが故にチャクラが正常に働かなくなるのです。邪神・邪鬼などのマイナスの存在によってチャクラの正常な活動を阻害される場合もありますが、結局はそのマイナスの存在と引き合うのも本人の意識にほかなりません。

真和氣功センターでは、チャクラの異常を正す施療をしていただくこともできますが、再び同じような異常を生じさせないためには、根本的な原因である本人の意識を正すことが必須となります。

★チャクラの色と意味

霊的中枢	色	体の場所と主な意味〈得意な分野〉
第1チャクラ	赤	尾てい骨・会陰部 物質でできている肉体を維持する根源的エネルギー 意味：物質〈科学〉
第2チャクラ	橙	副腎・免疫力・活力 意味：快活〈商売・コンサルタント〉
第3チャクラ	黄	胃・すい臓 意味：知識・指導〈先生〉
第4チャクラ	緑	心臓・胸腺 意味：中庸・バランス〈医師・ヒーラー〉
第5チャクラ	青	甲状腺・肺 意味：精神性〈芸術・宗教〉
第6チャクラ	紺	脳下垂体 意味：ものの本質を見極める 精霊界とのつながり 〈隠者・技術者〉
第7チャクラ	紫	視床下部 意味：自分以外の神聖なもの（高次元） とのつながり 〈超能力〉

※光の色…虹の七色と、七つのチャクラ（霊的中枢）は関係しています。

チャクラと対応する色・音

チャクラ	色	音	アルファベット
7	紫	シ	N
6	紺	ラ	M
5	青	ソ	U
4	緑	ファ	O
3	黄	ミ	I
2	橙	レ	E
1	赤	ド	A

AUM（オーム）
※すべてつなげた音

※このオームをトノ（TONE・トーン・音）グラフ（GRAPH・図）で表すと、六芒星になります。

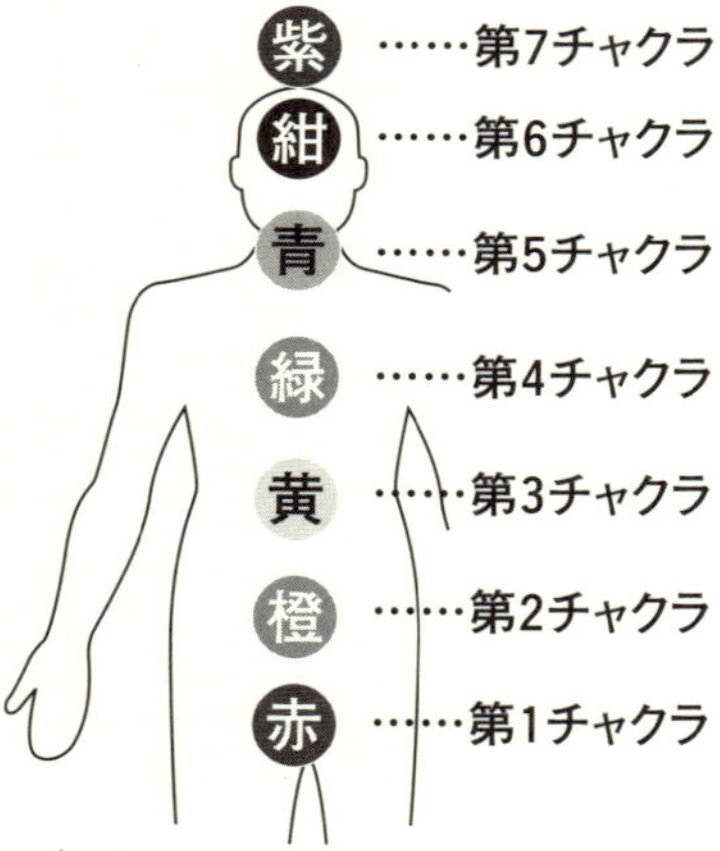

［自分自身をコントロールするには］
下位のチャクラを調節するのは奇数列（1—3—5—7）の上位のチャクラ。
偶数列（2—4—6）も同様。

・第4チャクラまで開いていないと自分で自分をコントロールできない。
・上位、第7・第6チャクラが開いていれば下位はコントロール可能。
・上位、第7・第6チャクラが開いていることが水瓶座の波動に欠かせない。

そのためには、自己を確立することが大切です。

7＞5＞3＞1、6＞4＞2と、それぞれ奇数列・偶数列の第7・第6チャクラが主導権を握っています。ところが、一般的にチャクラは下から順に開いていく場合が多いため、コントロールできるどころか、下位のチャクラに振り回されてしまうことの方が実際には多くあります。この現象は、一般的な霊能師・霊媒・超能力者といわれる人に多く見られます。

★霊的エネルギーと物質的エネルギー

人間の体は霊的エネルギーと物質的エネルギーで成り立っています。

【霊的エネルギーとは】（第7チャクラより取り入れる）

高次元から送られるエネルギー。

魂を充実させ、意識レベルを引き上げようとして働いています。

【物質的エネルギーとは】（第1チャクラより取り入れる）

三次元界で肉体を維持するために必要な、大地からのエネルギー。

現状のままでよい。とどめる働き。意識を引き上げようとすると、反対に引き下げる方向に働きます。私たちは周り（家族・会社など）の人たちの意識を引き上げていけるように、常にプラスの波動を発振しなければなりません。

［魂の原子核の集合体とエネルギーのバランス］

・魂の原子核の集合体が十八個以上の場合
　霊的エネルギーの割合　…七〇％
　物質的エネルギーの割合…三〇％

・魂の原子核の集合体が十二個の場合
　霊的エネルギーの割合　…五〇％
　物質的エネルギーの割合…五〇％

なお、霊的エネルギーの割合は最低ラインです。霊的エネルギーが最低ラインよりも下がると、病気などのさまざまなゆがみが生じます。魂の原子核の集合体が十八個以上の人は、必要な霊的エネルギーの割合が高い分、霊的エネルギーを使わなかった場合にバランスを崩しやすくなります。

杉本先生の出すエネルギーがますますシャープになり、何事もすぐ行動に移さないと良い結果は出てきません。今までのように現状にとどまっていると、ますますセンタリングがズレる一方です。行動に移すのみです。最初のうちは、行動する内容を先生方に確認しながら進めていくとよいでしょう。

インディゴ・チルドレン

精神社会を迎えるにあたり、また地球が次元上昇を目前に控え、世界には今までとは違う、意識レベルの高い子供たちが誕生しています。このことは、アセンションに向けて地球人の意識レベルを底上げする上で、非常に意味のあることなのですが、現在の常識や低い次元の意識レベルにとらわれている人々からは、この意識レベルが高く、現在の価値観が通用しない子供たちは異端児、場合によっては異常と見なされ、その子の持つ能力が活かされないまま押しつぶされてしまうのが現状です。

今の大人は、新しい時代を担う子供たちの存在に気付き、受け容れ、そしてその子供たちから学び、自らも成長させて、アセンションするにふさわしい社会を創り上げていかなければなりません。

★インディゴ・チルドレンとは

藍色・紺色のオーラが強く出ている進化した子供たちのことで、最近増えてきています。今後の精神社会の中心的な役割を担います。

・インディゴ…藍色・紺色＝第6チャクラの色
・性質…意識・直感に目覚めており精霊界とのつながりを持つ

物事の本質を直感でとらえることができますが、この色のオーラは、大人になるとほとんど消えてしまいます。

★魂の自由（真和氣功センター　小塚厚子先生より）

魂の自由とは、魂の器・中味を尊重することです。インディゴ・チルドレンは、自身の持っている魂の器・中味を尊重しており、周りや親の考え、思いを押し付けると抵抗をします。

この子供たちを育てるには、常に高次元からの物事の見方、考えを提供しながら導くことです。そのためには、親の意識レベル、霊格が高いことが必要です。

インディゴ・チルドレンは、三次元上のことはあまり興味を示しません。この子供たちに接していくには、周りや親が意識を変えて、魂を成長させていかなければいけません。

［親子の意識のつながり］

霊層界では、子供は自分の親となってくれる人を探しています。両親になってくれる人が見つかったら、親子が互いに約束を交わして母親の胎内に宿ります。その子の魂が親を「教師として、または反面教師として育ちます」と約束をして生まれてきます。

両親の波動が一〇〇％子供に伝わっていきます。したがって親が変わると子供も変わっていくのです。その逆の場合、つまり親が子供に教えられる場合もあります。

［夫婦の関係］

＊赤い糸で結ばれた夫婦

赤い糸で結ばれた人は、霊層界においても霊性をお互いに高めるために修行した仲間で、転生をして夫婦となっています。霊性を高めていこうと約束して、お互いの足を引っ張ることなく、何事も理解し合い協力して生活を送っていきます。

＊前世のカルマを解消するために夫婦となった人

お互いに足を引っ張り合い、喧嘩、愚痴の言い合いで、協力していく姿勢や理解しようという姿勢があまり見られません。お互いに話し合いをするべきです。

★教育（現在の混乱・混迷の対処法）

＊個性を伸ばす。
＊カリキュラムの変更（道徳・修身の時間を増やす）。
＊『道徳』とは、従来のものでも、封建的なものでもなく、本来のもの。
＊子供を教えるにあたって、人間として何を教えなければいけないのかを中心に教育体制を変える。
※教育に携わる人（先生や行政）が変わらなければならない。

［将来］
（一）霊的能力を高める教育（潜在的・顕在的）。
（二）個性を活かす教育。
（三）先生・子供・親が密着して調和を取る教育。
（四）宇宙の真実を伝える教育。
（五）個人の意志を尊重し、本質を見据えて活かす教育。

・親と子は、前世において因縁のある人が生まれてくるという概念になる。

・『子供は親の所有物』という感覚はなくなり、個人対個人という対等な存在で接するようになる。

※親の考えで子供を枠に閉じ込めてしまうと、ゆがみ・ひずみが生じる。

・魂と心の成長を目的とした教育。

・調和。

・個性を伸ばす。

［精神社会の教育の在り方］

小塚先生が木花佐久夜比売命《コノハナサクヤヒメノミコト》から受け取られたメッセージです。

※木花佐久夜比売命は精神社会の教育を統括していらっしゃる神様です。

子供たちの意識を変えることが先決で、一般的な教科書よりは道徳や修身の時間を増やしていきます。

（一）見えない世界『潜在意識・超意識などの霊的能力や宇宙のこと』の教育を推し進めていきます（道徳や修身の時間が増えるのはこのためです）。

（二）今までの教科中心の学習でなく、自然と向き合い、自然を感じる学習を増やしていきます。

（三）子供と親と先生が一体となって調和を取り、子供たちの中に眠っている潜在意識を引き出して、個性のある子供に育てていきます。

（四）肉体脳だけでなく、本質を見据え、直感も活かせるような子供たちに育てていきます。
（五）子供たちの心を豊かにして、思いやりがあって周りの人たちを癒していく子供たちを育てる教育を目指します。

宇宙エネルギーの利用

地球を傷付けてエネルギーを搾り取り、その犠牲の上に成り立っている私たちの生活。このような状態で精神社会を迎えることはできません。精神社会には精神社会にふさわしいエネルギーを使用します。宇宙エネルギーは宇宙の中に無限に存在するエネルギーですが、意識レベルの低い人間にとっては、扱うことはおろか、感じることすらできません。神様も、私たち人間の意識が、エネルギーを私利私欲のために使うことなく精神社会にふさわしいレベルにまで上がるまで、宇宙エネルギーの使用は許してくださらないでしょう。

この宇宙エネルギーを活用し、地球との真の共存ができるような世の中になることを願ってやみません。

★宇宙エネルギーとは

＊宇宙に存在するすべてのものを併せていう。
特に氣功療法や車などの製品は、フォトンベルト中のフォトン（光子）を使う。

＊エーテル物質の発見（プラーナ）。
※プラーナ…太陽から地球に降り注いでいる物質で、私たちはエネルギーとしてチャクラから体内に取り込んでいる。
＊エコロジーを極めたエネルギー（地球環境）。
＊人間の意識が低いため、徐々に段階を踏まえる。
＊宇宙エネルギーの使用にも段階がある。
＊光子（フォトン＝次の次元）に体を慣らす必要がある。

★なぜ宇宙エネルギーを使用する生活基盤に変えなくてはならないのか

（一）環境と資源を守るため。
（二）霊性を高めるため。
（三）皆の意識レベルの調和を図るため。
（四）カルマを解消するため。

★宇宙エネルギーの利用の仕方

＊目的
・健康を守る。
・霊的能力を高める。

・資源を守る（大切にする）。

＊製品
・電化製品、車など日常生活に使う物全てに対応。
・有害物質を出さない。
・霊格によって燃費が違う。（エネルギーが霊格と正比例する）
・メカニズムはシンプル。

＊製品にはどのようにエネルギーを供給するのか
・カセットボンベのようなもので製品（例：車）に補充する（バッテリーのように充電する）。

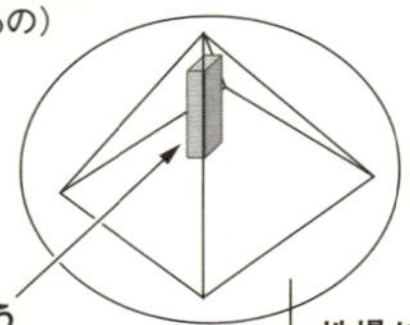
※家庭にエネルギーを取り込むための、
発電的な役割をする
（大きなもの）
※石を使う
（アトランティス時代は水晶
だが、今度は違う鉱石を使う）
地場が大切

★波動の定義
＊全てのもの（鉱物・水・光・空気・人間…）が発するエネルギー。
＊波動は個々の持っている性質が合わない限り引き合わない。

★高次元の星々での宇宙エネルギーの使用例
＊シリウス（大犬座…平均十五次元）での宇宙エネルギーの使い方

・生活基盤のエネルギー。
・かつては魂の成長のためにエネルギーを濃縮した部屋があり、魂の成長と進化のために、より進んだ情報を得ることをしていた。
・平均十五次元のレベルの人（三次元の肉体はない⇒エーテル体）が住む。中には十二～十三次元の人も住んでおり、高いレベルの人が低いレベルの人を導いている。さらに、その上の指導者として神様が降りて来ている。

＊プレアデス（牡牛座…平均十四次元）での宇宙エネルギーの使い方
・意識レベルは高いが、三次元の肉体を持っている。
・生活基盤に宇宙エネルギーを用いているがシリウスより少し次元が低い。
・十～十四次元の人がいる。

＊リラ（琴座…平均十七次元）での宇宙エネルギーの使い方
・十五～十七次元の人がいて、三次元の肉体はない。

★以前地球でも宇宙エネルギーを使っていたときの話

＊時代＝アトランティス。（一回のみ）
七～九次元レベルの人たちが住み、水晶を利用して低いレベルの宇宙エネルギーを使ってい

ましたが、やがて私利私欲に使うようになり、エネルギーレベルが低下していきました。使う側の意識レベルが低くなることでバランスを崩し、破滅の道をたどりました。

いくら良い物をつくっても、使う人の意識が低ければ破滅の道をたどります。宇宙エネルギーは扱う人を選ぶのです。

［宇宙エネルギーを頂きながら仕事をする人について］

もともと神様はお金を要求しません。次元が高ければ高いほど無償の行為です。肉体を持って三次元に降りて、宇宙エネルギーを頂きながら仕事をしている人たちに対しては、その人の能力に応じて代償（お金）を頂き、生活の糧にしてよいといわれます。そのときはその人たちの良心に従い、能力に応じた正当の代償でなければなりません。見習中は代償を要求してはいけません。

〝カタチ〟と〝形〟の違い

ある次元の世界においては、それよりも次元が低い世界の内容を全て含みます。つまり、高次元の世界には私たちが存在する三次元界の内容が全て含まれています。裏を返せば、三次元界の私たちが肉体の持つ五感で感じ取れるものは全て、そのものの本質が含まれる高次元から投影されたほんの一部にしかすぎないということです。見聞きでき、触れることのできるものが全てであるとしか考えられない人は、次元の低い、ごくわずかなものしか認めておらず、自分自身を今以上に進化・成長させる可能性を自ら放棄していることになります。逆に、自分自身がこだわっている狭い枠を取り払うことができれば、その人の可能性は一気に広がることになります。

★神様と不思議な生き物との対話（真和氣功センター　杉本眞人先生より）

（Q）…不思議な生き物

神様、今日は神様に質問がございます。いつも神様がおっしゃっておられます〝カタチ〟の意味についてでございます。神様があえて片仮名で〝カタチ〟とお使いになるからには、私どもの普段使う〝形〟とは違う特別な意味合いでお使いになっていらっしゃるのではと思いまして。私どもの解釈や受け取り方が間違ってはいけませんので、お答えいただけませんでしょうか？

（G）…神様

そう、私が特別な意味として〝カタチ〟と表現しているわけではなく、そなたたちの使う〝形〟という言葉の指す意味内容が特別なものとして、また限られた特殊な解釈しかなされていないというのが、この世（三次元界）の特殊事情とも言えよう。この世で使われている〝コトバ〟という〝カタチ〟自体が、本来の使われ方や指し示す意味内容からは次第に遠のいたものに変わっていってしまった。これでは私が伝えんとする本来の意味内容ですら、それこそ〝カタチ〟を変えたものに自分勝手に解釈されて、受け取られかねない。

何分、そなたたち不思議な生き物は自我が何にも増して驚嘆すべき手強さを持ち合わせておる。裏を返せば、だからこそ今に至るまでこの星で一番の繁栄をしてきた証にもなろう。私はこの世において、そなたたちがお互いに協力して調和ができるようにと意志の伝達手段としての〝コトバ〟を与えた。だが、今では世界中でどれほどの〝言葉＝言語〟として数多く枝分かれてしまったことであろうか？ これではもともとが〝コトダマ〟として、高次元の氣や意図を三次元界にも伝え、反映させるために工夫された、活きた〝コトバ〟が〝カタチ〟を成さずに死んでしまう。分かりやすい現象面では〝言葉が通じない＝コミュニケーションができない。〟と言えば理解ができるであろう。

(Q) では神様、こういうことでございましょうか。もともと高次元の氣や意識・思いを実体の伴った〝コトダマ〟として、私たちの住むこの世（三次元界）に投影された〝カタチ〟が本来の〝コトバ〟になるのではございませんでしょうか？

(G) そう、その通り。正確に定義が理解できているではないか。また、〝コトバ〟でなくとも全ての思いや氣・意識そのものを表した〝カタチ〟が存在する。

例えば、私たち神々の高次元の世界においては、そなたたちのように思いや意識の伝達手段として〝コトバ〟は一切不要である。何分そなたたちの世界では〝文字〟や〝言葉〟を介さないことには、なかなかお互いの意志の疎通がままならない。裏を返せば、本心・本音を偽り隠しても〝文字〟や〝言葉〟という〝形〟＝形式でお互いが理解納得したり、了解したりするといった、私たち高次元から見れば誠に奇怪・奇妙で不思議なコミュニケーションが成り立っている。代表的例では政治家を見るがよい！　〝文字〟や〝言葉〟や〝形〟を整えることにきゅうきゅうとしているではないか。上に立つ者が嘘八百を並べ立てて、私利私欲の追求に血眼になっているようでは、まだまだ真の平和だの調和だのがやってくるはずがない。

（Q）神様のご指摘を待つまでもなく、お恥ずかしい話でございます。その政治家を選ぶのも私たちでございますから、まず私たちから日ごろの思いや行動を変えてゆかねば良い結果＝〝カタチ〟が出来上がらないということでございますね。

そこで、〝文字〟や〝言葉〟や〝形〟の嘘を見抜いたり、真意を理解したりするには何か方法がございましょうや？

（G）それはよいところに気が付いた。方法がないというわけではない。そなたたちの三次元界では、視覚・聴覚・嗅覚・味覚・触覚という五感を通して自分の内部と外部（他者）とのコミュミケーションを図っている。この世に投影された〝カタチ〟や〝形〟から高次元の実体や真意を読み取るためには第六感以上の高次元の感覚が開けている必要がある。そなたたち不思議な生き物には誰でもが元来高次元の感覚が備わっている。しかし、三次元界に長く暮らすようになると、多くの者たちが、次第にこの世の価値を追い求めるようになりだした。自分に都合の良い・便利で・有利な〝モノ〟＝財産・権力・道具を独占し始めた。だが、考えてもみなさい。これらは全てこの世（三次元界）でしか通用しないではないか。どれ一つとっても、この世で得た〝物〟＝物質は、魂を充実させる〝形〟のない〝モノ〟以外は全て高次元の世界には持っていけない〝物〟ばかりである。

このように、そなたたちが〝物〟を追求していくにしたがって、次第に価値観が逆転していき、高次元から投影されてしまった結果である〝物〟や〝形〟にとらわれてしまい、本来の〝モノ〟や〝カタチ〟が何であるのかさえ見失うこととなってしまったのである。そなたたちの諺にもある通り、〝仏作って魂入れず〟と言うではないか。であるからして、どのように取り繕った〝文字〟や〝言葉〟や綺麗に〝形〟を整えた〝物〟でさえ、そこには高次元へとつながる本質である〝氣〟が込められている。私たちが提供している氣や飲み物・プレートなどの製品には全て一貫した内容と効果があるであろう。例えば、〝形〟だけ真似た五芒星や六芒星ではそこに込められた氣が同じではないため、同じ効果はでないであろう。

私たち神々の世界ではこの〝氣〟の交流や発振・受振がダイレクトにできるために、言葉や文字という原始的な三次元上の道具というものは一切必要がない。したがって、思いがお互いにダイレクトにつながるためにそなたたちの世界のように嘘もなければ、本音と建前の区別などは存在し得ない。

しかし、そなたたちもやがては私たちと同様に神＝高次元の存在へと進化の道筋をたどっていく。そのためには、まずこの世で使える道具を正しく使いこなせて後、ようやく魂が少しずつでも充実が成されてくるようになる。つまり、お互いが発する〝文字〟や〝言葉〟に正しい裏付けがあることが当たり前の社会であることとしなければなるまい。また、受け取り方（解釈）が違ってしまうようでも駄目である。

（Q）では神様、こういうことでございましょうか。

（一）〝物〟＝物質に私たちが価値を求め過ぎてはいけない。
（二）〝形〟にとらわれたり、価値を求め過ぎたりしてもいけない。
（三）お互いに発する〝言葉〟や〝文字〟に裏付けがある社会を築く必要がある。
（四）〝物・形・言葉・文字〟をどれだけ取り繕ったり整えたりしたとしても、そこには隠し切れない本質につながる〝氣〟が込められている。
（五）私たちの誰にでも元来本質を感じ取れる第六感以上の能力が備わっている。しかし、その能力も次第に使えなくなってしまった。お互いが再び使えるようにならなければならない。

（六）この世に投影されて、現象化された一切のものを神様は〝カタチ〟とおっしゃっている。

（七）その投影された一切の〝カタチ〟から本質・真意を読み取り、お互いにつながることが可能である。

（G）そう、そのように、そなたたちの住む世界の皆が本質や真意に気付き、読み取ることが可能にならなければ真の平和や調和は訪れないことになる。今のそなたたちのように、平気で嘘や力ずくで相手に強要する社会ではまだまだである。

（Q）でも、神様はおっしゃったではないですか。〝百匹目の猿現象〟という、ある一定の臨界点にエネルギーが達した場合は一気に全体へと波及することが可能であると…。最終的には私たち自身が気付き、行動していかねばならないことが次第に分かってまいりましたので、同じ志を共有する者を一人でも多く伝え、増やしてまいります。

神様、ありがとうございました。

※このメッセージ内に登場する〝不思議な生き物〟とは、真和氣功センターに来院する人、つまり高次元から見た私たち人間のことで、神様（高次元）から見れば、低い自我にとらわれ、進化するために最も重要かつシンプルな高次元からの提供・導きを受け容れずに、

自ら堂々巡りを選択してしまう人間は、まさに〝不思議な生き物〟であるといえます（編者）。

★〝言葉・文字〟の意味（真和氣功センター　杉本眞人先生より）

〝言葉・文字〟は高次元の目には見えない『意識や氣』という実態・本体を投影した〝カタチ〟という表現をしてきました。

つい最近、神代文字を調べているうちに、〝コトバ・モジ〟の由来についての記述がありました。〝コトバ〟とはコト（＝事柄・実態・本体）ノ（＝の）ハ（＝端・葉）の意味で、全体や幹に対しての部分や枝葉という意味合いになります。〝モジ〟とはモジリに由来し、モジリとは目に見える形に模したものの意味。例えば、〝コトバ〟は耳から音として聞けますが形として視覚的に見ることはできません。そこで、目に見える形に模（変換）したものが〝モジ〟になります。また、魚釣りをしている方はご存知かもしれませんが、同じくモジリという言葉があります。この場合のモジリとは、水面上に下から立ち上がってきた泡のことを指します。水面下には何がしかの生き物がいて、呼吸した泡が水面上に現れます。その泡の大きさであったり、状態や間隔で、本体が目には見えないものの、慣れてくれば大体の察しがつきます。ですから、例えば水面下の本体が鮒なのか鯉なのか亀なのか、また大きさも大体どれぐらいのサイズかの予想もできるようになります。

このように、高次元の氣や意識（実体）を三次元上に投影した〝カタチ〟のものと、片や目に見えない水面下の生き物（実体）を推測させる泡が、くしくも〝モジリ〟という同じ意味を成す〝コトバ〟で表されます。このように、われわれ日本人の漢字が大陸から伝わるはるか以前の先祖たちが、現代につながる今の私たちにも十分に理解・納得可能な意味合いを伝え残してくれていいます。改めて、ありがたいことだと振り返って思いを新たにしました。

太古の先人たちは、私がいまさら言うまでもなく〝コトバ〟や〝モジ〟の意味合いや由来を十分承知した上で『氣』をそこに込めて使用していたことがうかがわれます。現代の私たちは何の疑問も持たずに、また本来の使い道も分からないままに軽々しく身勝手に〝コトバ・モジ〟を濫用しています。

例えば『氣』を組み合わせた熟語や諺が実際にどれだけ数があるのかさえ分かりませんが、ありがたいことにわれわれ日本人には大体の意味が分かり、通じます。このように私たちは恵まれた文化的背景に暮らしています。Hさん（海外に向けて真和氣功センターが提供する本質を英語で伝えるべく活躍されている方）はこの点でさぞや今まで苦労をされていたであろうことが察しに難くありません。

一方、日本に暮らしている私たちが同じ共通認識可能な日本人に対して一体どれほどの『氣』を込めた『伝わる工夫』をしているのでしょうか？活きた〝コトバ〟を相手につなげてきたでしょうか？軽々しくやり過ごしている場合ではありません。なぜ、活きた〝コトバ〟を相手とつなぐことができなかったのかを自分自身で振り返り探らねばなりません。そして自身で原因を見つけたならば、二度と同じ轍を踏まぬように、それこそ『氣』を付けることです。これもそれぞれにとって一つの『内観』です。

答えをいつまでも私たちから与えてもらう幼児並みの安易な思考からいい加減に脱却せねばなりません。

センタリングのためのセルフチェック

自分自身がセンタリングできているのか、自問自答してみてもなかなかしっくりこないと思います。そこで、誰が見てもセンタリングできているか確認できるように、センタリングのためのセルフチェック項目をご用意しました。自分自身の状態とあるべき状態との照らし合わせが簡単にできますが、〝自分自身を正しく観ることができた場合〟という条件付きです。謙虚に自分自身を見詰めることができなければ、チェック項目に対する評価も信頼できないものになりますのでご注意ください。

以下は、セルフチェックのポイントについて、神様と不思議な生き物との対話形式で、杉本先生からご提供いただいた内容です。

★セルフチェックのポイント（真和氣功センター　杉本眞人先生より）

《ズレている生き物の特徴》

（一）神様の話を正しく聴いていない。自分の思いを優先してしまうため、正しく聴くことができないし、正しく理解できないので、正しく行動できない。
（二）言葉や知識を覚える。実体を感じ取ることができないし、吸収しようとする姿勢がない。
（三）自分の位置が分からない。自分の思いを投影し、判断しようとする。角度を変える、視点を変える、立場を変えて考えてみることができない。
（四）自分の価値基準で物事を見てしまう。そのため、目では見えているものの、実体がよくつかめていない。
（五）分かっていないのに、よく考えていないのに、分かったと空返事をする。
（六）本質から理解しようとしないので、断片や点の羅列に起きてくることを理解することになる。
（七）自分の考えを基準としている。

《センタリングできている生き物の特徴》
（一）よく観て、よく聴いて、よく観察し、神様（本質）の意図を理解するように努めている。
（二）センタリングすることを常に心掛けているため、自我を優先することはない。実体を感じ取るよう、吸収（共振・共鳴）しようとしている。
（三）自分の位置をよく知っている。自我で判断することをしない。角度を変える、視点を変える、立場を変えて考えることに努めようとする。また、そのとき、分からなくても神様の意図があると思い、経過を見るようにしている。自分の考えで推し量ろうとしない。

（四）神様が言われていることを価値基準とし、実体を見逃さないように心掛けている。

（五）自分の考えで判断せず、神様の言われている言葉の意図をくむように心掛けている。

（六）本質から理解しようとするので、起きてくることが全てつながって理解するようになる。

（七）自分の考えを基準とせず、神様から学ぶ本質を基準としている。

（Q）…不思議な生き物

神様、お久しぶりでございます。私どもも神様よりお教えいただいた、それぞれで照らし合わせのできる七カ条を基に、ズレをなくすべく日夜努めてまいりました。

しかし、どうも最近は何だか様子が変でございます。と言いますのは、自己申告で自分はズレの（五）、（七）に該当しないと答える者が増えてまいりましたが、その者たちの言動を観察しておりましても、私からは明らかにズレていることでさえ、当の本人たちは全く自覚がないようでございます。これは一体いかなることでございましょうか？ 神様お教えくださいませ、お願いいたします。

(G)…神様

《ズレている生き物の特徴》と、《センタリングできている生き物の特徴》のそれぞれ(一)~(七)は、表裏一体となって対応している。例えば、ズレから見て、(五)の〝分かっていないのに、よく考えていないのに、分かったと空返事をする〟が、自分は当てはまらないと、自己判断したとする。ということは、センタリングから見れば、当然、(五)の〝自分の考えで判断しないようにしている、神様の言われている言葉の意図をくむように心掛けている〟が、自己判断で当てはまらなければ、矛盾していることになる。しかし、実際はそなたが疑問に感じている通りである。

つまり、空返事をしている者は自分が空返事をしているという自覚すらないということに尽きる。その証拠に、真に私が提供する高次元の意図をくむようにしているのであれば、必ず変化・進化が起きてくる。私はそのような意図を持ってそなたたちを導いているわけだから、変化・進化もなく同じ過ちを繰り返すことがすなわち、自分の考えで判断して私の言うことを『聴き容れない』で、空返事をしていることになる。空返事をしていないつもり違いで、実際はただ〝ハイ、ワカリマシタ〟と相づちを打っているのが彼らの実体となる。

私には、そなたたちが何を言おうが言うまいが実体そのものが分かる。しかし、そなたたちの次元のコミュニケーションは、投影された〝文字・言葉〟を頼りにお互いに了解し合おうとしている。投影された、つまり実体の影だけで判断をするから間違いが生じたり、信じるだの信じられないだの、揚げ句の果てに裏切られただのということになったりしてしまう。実体が見えない、また見ようとしないからこのようにも成り下がってしまう。そなたたち誰にでも、本来第六感が備わっているにもかかわらず、使わない・活かさないから感覚そのものが退化するのみとなってしまったのだ。なぜ私の言うことを聴き容れて見習っていこうとはしないのだろうか？　これでは変化も進化もなくて当たり前としか言えぬ。

(Q) 誠にそうでございました。神様からは私どもに常に変わらぬ温かい内容と導きを与えていただくばかりで、受け取る者の意識の姿勢を改めたり、解釈の次元を深めたりしないままでは変わろうはずがありません。己自身をよく知らないが故のつもり違いを繰り返してしまうのでございますね。

(G) 良い面も、ゆがみや苦手な面も自分自身の一側面であることに変わりはない。しかし、ゆがみや苦手な面もほかから与えてもらって正せはしない。自らの自発的思いで正そうという氣がない場合は、ゆがみや苦手な面を〝是〟として容認してしまう。一方、心底正そうという氣があれば、ゆがみや苦手な面を克服するために〝否〟として認める思いがわいてくる。このゆがみに対して〝否〟として対応するのか、それとも〝是〟として容認してしまうのかでは筋道の選択が天国と地獄ほどの差となって自らに還ってくる違いが生じてしまう。私が皆に同じことを提供しても、このように受け取る者の意識の姿勢の違いが、最近とりわけ顕著に現れることとなった。

(Q) それは神様がよくおっしゃる〝ザル〟であるかないかという違いでございますね。しかし、実際神様から〝ザル〟とご指摘・ご指名を受けた者のザル頭で考え付いた思いで自らを正すことは可能でございましょうか?

(G) その者たちの行状を観察すればそなたでも分かる通り、まず時間的に長続きしないという特徴がある。指摘されればその瞬間はその通りだと思うものの、時間の経過とともにいつの間にか忘れ去ってしまっている。だから、身に付かない・身に染みないので何度でも同じ過ちを繰り返してしまう。このことは霊格の最高値と最低値のギャップが大きいことと比例して、なおかつ相似形の構図によるものである。つまり、〝ハイ、ワカリマシタ〟が、実体が伴っていないので、彼らの使う〝言葉・文字〟はウソということになってしまう。悪気がないにせよ、まずそのことを自分自身でキッチリと認識して言行不一致のケジメを自らつけねばなるまい。このように意識が向かわねば、いつまでも上滑りの浅はかな知識で、つもり違いを繰り返すのみとなる。

（Q）私も、神様より〝ザル〟のご指摘を受けた者に、何度も何度も、口を酸っぱくして言い続けてはいるのですが、いつでもそのとき限りの口先だけで、その先は必ず同じ過ちを繰り返してしまいます。いつも堂々巡りを繰り返すだけでございます。これにはさすがに私も参ってしまいました。

（G）そなたの嘆きも分かるが、ではこの私は一体どうなる？　そなた以上に多くの〝ワカラズ屋〟を長年相手にしているが、その中から、わずかではあるが変化・進化しようとする者が出てくる。決して諦めてはいけない。そなたのように真に私に沿わせて無償の行為でほかに提供し続けることが、かえってそなた自身の栄養となって還ってくるであろう。

（Q）神様、ありがとうございます。私も何かの見返りを自身に求めての気持ちからではありませんが、ただ神様のおっしゃる通りに行動をしただけでございます。

（G）そのようにエゴからの思いにとらわれるのではなく、自発的な利他的行動と素直な思いがそなたを変化・進化へと導くこととなっている。その違いが分からぬうちは、ズレた者がヌケヌケと自分は（五）、（七）は当てはまらないと思い込んで疑いもしないものなのだ。

（Q）これで、かなり違いが絞り込まれて明確になってまいりました。私なりに何か名案を工夫してまだまだの者たちを導いてまいります。神様、今回も分かりやすいご説明ありがとうございます。

太極図について

宇宙に存在するもの、あるいは宇宙で発生する事柄は、全てに意味があり、必要があって存在し、必要があって起こっています。宇宙に不必要なものは存在しません。プラスの側から見れば、その存在を否定されがちなマイナスの存在でさえ、マイナスが存在するからこそプラスの良さやありがたさが分かるのであり、そのことがそれぞれの進化・成長につながります。

プラスばかりの温室育ちでは、困難に立ち向かえないでしょうし、マイナスばかりでは世が滅びてしまいます。さまざまなレベルのプラスとマイナスが混在する雑多な環境の中で転生を繰り返し、経験を積み重ねることで、私たちは進化・成長するのであり、そういう意味においては、地球はまさに恵まれた環境であるといえます。

［太極図］

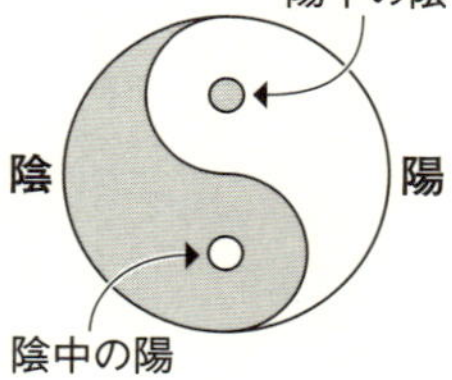

★太極図か対極図か

［Nさん（男性）の質問］

対極図と太極図では、どちらが正しいのでしょうか？　一般には両方とも使われているようですが…。

［Nさんの質問に対する杉本先生のお答え］

（一）太極…か、

（二）対極…か。

（一）の太極がもともとの意味合いから使われていたようです。万物創生の氣や万物創生の神を〝太一（神）〟と称しますが、伊勢（神宮）地方では〝太一〟の文字を書いた大きな団扇をお祭りのときによく使うようです。ですから、〝対〟ではなくて〝太〟を使わなければ意味が違うことになります。マクロレベルでは、宇宙の中のそれぞれの銀河が収縮と拡散を繰り返すさま（カタチ）と、ミクロレベルではコーヒーの中にフレッシュミルクを一滴垂らしたときのさま（カタチ）は、全く相似形（フラクタル）になります。

良くも悪くも同質なもの同士では変化は極めて起こりにくいのですが、異質なもの同士が出合うと変化が生じやすくなることと同じことになります。何事もこの変化がなければ進化もないことになります。ですから、一方が悪くてもう片方だけが良いということは、不十分な見方・考え方になります。

〝場〟や〝空間〟から見た場合は、善だの悪だのプラス・マイナスという価値は存在しません。ただ変化することに、お互いが必要欠くべからざる同等の要素ということになります。ですから、やがて変化・進化して大元の創造神（太一）へと収束されていく原理や様子をカタチにしたものが太極図ということになります。

ちなみに、私の魂のカタチは太極図のようになっています。真和氣功センターの玄関脇に掛けてある絵がそうです。光の色で朱色（バーミリオン）＝火と青色（ターコイズブルー）＝風が相反する要素に近いのですが、私の本質を表しています。

一方〝対〟ではいつまでも陰・陽やプラス・マイナスが対立して、永久に一つにはまとまらない現代の世相を反映したイメージが付きまといます。

特別編　真和氣功センターのエジプト旅行記

さて、最後に、真和氣功センターの先生方が旅行に行ってこられたエジプトでのお話を中心にお伝えしたいと思います。

このエジプト旅行にまつわる旅行記は、真和氣功センターにお世話になり始めて間もない、同行者のEさん（男性）の旅行についてのコメントから始まり、杉本先生の旅行記へと続きます。

普通の旅行とは一味も二味も違う、凝縮された内容のエジプト旅行記をお楽しみください。

エジプト旅行参加メンバー

杉本眞人先生
小塚厚子先生
Tさん（女性）…旅行行程のコーディネーター
Hさん（男性）
Eさん母子　……Eさん（女性：母親）／Eさん（男性：息子）
※先生方以外は、皆真和氣功センターにお世話になっている人たちです。
※現地では日本語が堪能なエジプト人男性ガイドさんが付き添いました。

エジプト旅行行程

○期間：二〇〇五年十月二十二日（土）～二十九日（土）の八日間

Eさん（男性）による同行記

★杉本先生はなぜエジプトに行ったのか？

旅行前に真和氣功センターで尋ねた私に対し、杉本先生は今回の旅行の主目的を、「自分がホルス神だったころを思い出し、そのころの能力を取り戻すためである」と答えられています。

また、今回の旅行をコーディネートされたTさん（女性）に対しては、「ギザのピラミッド（スフィンクスと一緒に写される、エジプトで一番有名な三大ピラミッド）の内部に入ることを優先し、その他の日程はお任せする」というようにオーダーされたようです。

これらから、ホルス神とピラミッドが何か関係していたのではないかということが予想できます。

★旅行中、杉本先生に何が起きたのか？

ギザのピラミッドに入ったのが旅行二日目。確か、三日目後半ぐらいから杉本先生は体調を崩されます。飛行場の待合室で急に椅子の上に横になられたのですが、お顔が真っ青でこちらもびっくりしました。その後、ホテルで高熱を発せられました。

一緒に部屋で付かれた小塚先生によれば、「杉本先生の体が火事になったようで、近くにいるだけで熱かった」「普段弱音を口にしない杉本先生が『死ぬかと思った』とコメントされた」そうですから、相当なことであったと思います。

さらに驚いたことには、それだけの事態であったにもかかわらず、五日目後半から杉本先生が普段通りに観光に復帰されたことです。そのとき、「今が一番、頭がスッキリしている」とコメントされています。単なる病気でなかったことは明らかです。

★ホルス神だったころの能力とは？　果たしてその能力を取り戻せたのか？

残念ながら私にはその全貌は分かりません。現地での体験に基づき一部をご紹介いたします。

復帰された杉本先生は、五日目の夜と六日目に現地の男性ガイドさんを施療されます。そのときのことを杉本先生は「赤い色の氣が出て、自分でもびっくりした」とコメントされています。古代エジプトでは赤色は火を表し、ホルス神は大氣と火の要素を持ち合わせていたようです。

同行者のHさん（男性）は「直感だが、発熱後の先生の能力は四倍ぐらいにパワーアップしているのではないか？」とコメントされておられますし、旅行前は氣を感じることが薄かった私でさえ、ガイドさんの施療のときは手の平でピリピリと先生の氣を感じ、びっくりしました。

★ピラミッドとは何であったのか？

学説では、ギザの第一ピラミッドはクフ王の墓であるとされています。この学説は、一八三六年、イギリスの退役軍人であったヴァイセがピラミッドの中に密室を見つけ、その中に「クフ」と赤ペンキで書かれたカルトゥーシュ（縄の枠の絵の中に王名を書き入れたもの）が物証として発見されたことに基づいています。

ところが、このときヴァイセ探検隊に参加していたブリューワーという人物が、この歴史的発見がなされる前の晩に、ヴァイセが同行者一人を連れて赤ペンキと筆を手にピラミッドに入っていくのを目撃し、このことを家族に書き送っているそうなのです。

普通、王の墓というのは自らの権力の大きさを後世に示すために大きく造るもので、誰の墓かが赤ペンキでしか分からないというのもおかしな話です。

ちなみに、唯一現存しているクフ王の像というのをエジプト考古学博物館で見ましたが、デコピンで吹っ飛びそうな、それはそれは小さな代物でした。

それでは、ピラミッドとは一体何であったのか？ ピラミッドの内部に入られた後の杉本先生のコメントです（あくまで私の感性で頭の中に入ってきたことのみを書き記しておりますので、その点ご容赦ください）。

「ピラミッドは幽体離脱をして高次元とつながるために使われていた」
「直接的ではないにせよ、自分＝ホルス神はこれを指導していた」
「また逆に、高次元からのエネルギーを三次元化するためにも使われたのではないか」

「水晶が利用された（恐らくピラミッドのてっぺんに）」
「自分＝ホルス神が造ったものではなく、それ以前からピラミッドは存在していた」

ホルス神が生きた時代は紀元前一〇八〇〇年ごろとされていますし、それ以前の時代と「水晶」というキーワードを結び付けると、当然水晶を用いて現在よりも高次元の生活をしていたとされるアトランティスが浮かび上がってきます。

スケールの大きな話になってまいりましたが、私にもまだ現地で起こったことをどう結び付けて考えたらよいのかよく分かりません。

あくまで参考ですが、アメリカの高名な霊能者だったエドガー・ケイシーの話を引用します。

☆　☆

ケイシーによれば、アトランティス文明は約二十万年前に繁栄し、紀元前一〇五〇〇年に終焉を迎えたという。その生き残りの一部がエジプトに旅して、紀元前一〇四九〇年から一〇三九〇年にかけて大ピラミッドとスフィンクスを建設した。…

紀元前一〇七〇〇年に沈没を逃れたアトランティスの難民が、文明の記録を（エジプトに）持ち込んだ。紀元前一〇五〇〇年に、それが「記録のピラミッド」と呼ばれる地下の「記録の宝庫」に納められた。

「人類が地球に登場して以来の一なる神の民の記録」がそこにある。…彼は「記録の宝庫」の発見を世界的変動の引き金と結び付けた。

「(一九九八年に)周期が終わり、予言を成就する大秘伝者の帰還とともに、地球の位置にもう一つの変化がくる」

一九九八年に「世界の主の到来の準備期」が始まるとも言っている。多くの人がこれをイエスの再臨に関連付けたが、ケイシー本人はそう考えていたわけではない。「新人種の到来」を指す言葉であると信じていた。

☆　☆

年数は真和氣功センターが提供してくださっている内容と若干前後しますが、大枠として時代のつながりは感じられます。なお、最近新エジプト学の旗手として高名な『神々の指紋』を書いたグラハム・ハンコックも、こうしたケイシーの話の流れに沿っているのではないかと思います。

★ホルス神とは何か?

今回のエジプト旅行で私が強く感じたのは、「杉本先生は疑いなくホルス神であった」ということです。しかしながら、これはあくまで私の直感で感じたことですので、なかなか言葉で表現しにくいものがあります。そこで、こう感じるに至った背景についてご説明したいと思います。

ホルス神は、古代エジプトで信仰された神々の中で、最も古く、最も偉大で、最も多様化した神の一つです。頭はハヤブサの形、体は人間の形をした外観で表されています。古代エジプト人は、周囲にある自然物を的確に観察し、さまざまな特徴に注目して神性を見いだし、性格づけ、図像化していったとされていますので、実際には人間の形をされていたのではないでしょうか。ハヤブサの「空高く舞い上がり、獲物を探して旋回する姿、いざ獲物が見つかると羽をたたんで急降下して仕留めるという習性」から、古代エジプト人はホルス神をハヤブサに例えたのではないかと予想されます。

★現代エジプトでは「ホルス神」はどうとらえられているのか？

現地の男性ガイドさんによれば、現在、エジプト人の約八割が一神教であるイスラム教を信仰しているので、こうした古代の神々のことを深く詮索してはならないとされているようです。

しかしながら、一般的な認知度は高いように思われます。エジプトのみならず、中近東で最も歴史のある航空会社であるエジプト航空は、シンボルマークにホルス神＝ハヤブサの頭を使っています。ＪＡＬの鶴マークに相当するものと考えたらよいでしょうか。また、エジプトで最もメジャーなお土産物の一つであるパピルス（古代エジプト人が紙の原料として使った植物）にも、多くホルス神の姿が描かれています。エジプトでは観光業が盛んであることを考えると、その認知度の高さがうかがい知れます。

★ホルス神は守り神のイメージ

古代エジプト人は、この神の名をハルとかホルと発音していたようです。一般に認められている意味は、「遠くにあるもの」あるいは「上にあるもの」「高い所にあるもの」です。エジプト考古学博物館で、カフラー王（クフ王の息子）の像を見ましたが、ホルス神の象徴であるハヤブサが王の頭の後ろに両翼を広げて王を守護するかのようにくっついていました。古代の王たちにとって、ホルス神は主に守り神のイメージだったのでしょう。

高次元から見守ってくださり、正しく間違いを指摘し、導いてくださる守り神がいる、と思えば、何ら迷うことはありません。守り神のイメージはまさに杉本先生のイメージと重なってきます。

★ホルス神の目の形

古代エジプト文字には、「ウジャト」と呼ばれるホルス神の目で表される象形文字があります。もっぱら護符として用いられたようです。左目と右目で意味が違うことは、「杉本先生によるエジプト旅行記」（後述）に書かれてある通りですが、その目の形は私には杉本先生の目そのものといった感じに見えました。

杉本先生によるエジプト旅行記

［その一］

十月二十二日（土）～二十九日（土）の八日間、私や小塚先生を含めて六名がエジプト旅行に参加しました。今までにもパワーアップのために肉体上の異変は何回か経験してきましたが、今回はたて続けで旅行前から既に起きていたのでした。

まず、クフ王の製作といわれる第一ピラミッドです。玄室といわれている内部の部屋は、秘伝を受ける者が高次元に向けて幽体離脱をして肉体に戻るための装置でもあります。石棺の中に試験を受ける者が入り、その隣で神官か審査官が実際に誘導します。さらに私（ホルス）は全体を監督・観察しています。この際、試験を受ける者が幽体離脱時に恐怖心に襲われてしまうのが非常に多く見受けられました。なぜならば、肉体という三次元界を離れて高次元に向かう途中の段階では、必ず低い霊層界を通っていかなければならないからです。その低い霊層界の様相のおぞましさに耐えられずに、恐怖心のとりことなってしまうのです（普段は恐怖心を克服していたつもりでも、いざ実地試験となると実体、つまり仮面やボロがはがされしまい、つもり違い＝即、死が現実＝実力となります）。

その結果として、誘導する者の指示に従うこと（聴き容れること）ができずに自分勝手に異次元を彷徨《さまよ》ってしまうのでした。つまりは、元の肉体へは二度と戻れなくなってしまう＝死を迎える羽目となります。

一方、似て非なるケースとして、安らかな肉体上の死期を迎えたり、肉体を必要としなくなったりする場合があります。この場合、肉体（死体）はこの世に残して逝きますが、魂は無事高次元の世界へとたどり着くことができます。

恐らくは、この故事にちなんで後々の人王であるファラオたちがミイラとして死体を残す儀式が形骸化されたのではないかと推測されます。

また、ピラミッドの頂上の冠石は現在なくなっています。これもどのような物であったか霊視しました。水晶に似た透明な光り輝く結晶でできていて、空間から氣（エネルギー）を取り込んだり、有効半径がどのぐらいかは分かりませんが、ピラミッドの周りにも無線でエネルギーを供給・放射したりしていました。その他、多目的のエネルギーの変換・供給システムです。

カイロのエジプト考古学博物館では、現存する唯一のクフ王の象牙製の像が展示されていました。何と、高さ約七・五センチのチンチクリンの小像のみです。アカデミックな歴史学者とはよほどブラックユーモアがお好きなのか――。このような小像であれば、ポケットに入れて世界中を旅して歩くには非常に便利なことと思いますが、一方、クフ王が造ったとされるピラミッド内部の石はカミソリ一枚分の隙間もない超精密構造です。この石一つが何トンの重さだか知りませんが、この石一つでさえ抜き出すことが現実には不可能なことです。

さらに、何十メートルもある巨大な石像もゴロゴロと造られて現代に残されています（この石像も、アカデミックな歴史学者が唱えている史実に基づいているかどうかも疑わしい限りです）。

第一ピラミッドの高さも約一四六メートルの威容を誇っています。七・五センチの小像ならば彫刻刀一本で数日もあれば仕上げられます。しかし、最先端の技術をどれだけ駆使したとしてもこのピラミッドを造ること自体が不可能であることが明白です。

以上は、私がピラミッド内部に入ったときに霊視したものです。ほかにも数々ありますが、ここでは公表しません。

玄室に入った途端、すさまじいパワーの影響で私も小塚先生も一気に汗が噴出してきました。しかし、西欧人たちが大勢いたにもかかわらず、彼らのほとんどは汗をかいていませんでした。これほど不可解・奇妙な光景はありませんでした。共振・共鳴しないことの肉体上の現象の違い・無変化を見せ付けられた思いです。

その後、第二ピラミッドにも入場し、次々とピラミッド巡りをしました。それからが体の異変の始まりでした。めまい・吐き気・頭痛・冷や汗・鼻血・下痢・高熱とで、二十五日、二十六日の二日間ホテルにて寝込むこととなったのでした。のどがしきりに渇くので、ミネラルウオーターをガバガバと飲んでいました。夜、トイレに用足しで起きた際に鏡に映った顔を見ると、左目だけが真っ赤になっていました。そして一時間弱後、再びトイレで起きたときに鏡を見ると、すでに左目の赤味がすっかり消えていました。

不思議なことがあるものだなと、そのときは思っていましたが、後から思い起こせば、私がホルスのときにセトと戦った際に左目を失った（傷つけた）ことの再現なのかもしれません。

ちなみに、このホルスの目はウジャトと呼ばれ、護符として今でももてはやされています。右目・左目・両目すべてがウジャト（ホルスの目）と呼ばれていますが、働きや意味がそれぞれ違うということを正しく知っている人は少ないようです。

右目＝理性・理屈・知性・男性原理…左脳の働き。
左目＝感性・直感・直観・女性原理…右脳の働き。
両目＝左右両者の統合された働き。

こうして、ようやくホテルの外へも出られるようになりました。

現地エジプト人ガイドの男性が腎臓の不良と胃弱・腸の不良、霊障（先祖霊）があることをすぐさま霊視して、彼に告げました。彼もその通りの症状があるとのことでした。霊障のことは分からないが、腎臓は腎臓結石で七転八倒したし、胃と腸も確かに弱いが、それよりもなぜ言ってもいないのに分かったのか不思議だということを言っていました。両肩が重たくなっているのは未浄化な先祖霊がすがっているので、すぐさま浄化しました。しかし、このときの浄化力がすさまじいのです。いつもの通りほんの数秒で浄化されたのですが、爆発的にエネルギーが出ているのです。それこそ一瞬にジュッと焼き尽くして灰になってしまうのではとさえ思えるほど、真っ赤な色が出てきたのでした。

もともと私＝ホルスは火と風の要素の性質を持ち合わせています。やはり、相当にパワーアップされたようです。その後、同行したEさん（女性）も熱を出してホテルで寝ていましたので普段通りに施療しましたが、回復されたようでした。

［その二］

翌日（二十七日）、現地エジプト人ガイドの男性に施療後の様子を尋ねました。「肩の重さはなくなったが、今度は背中の肩甲骨の間が痛くなった」とのことでした。このことは前日の施療の際に彼に告げたことだったのですが、腎臓が悪いと、今後心臓も悪くなってくる恐れが高まることの現象だったのです。しかし、しばらくたってから彼のチャクラ・オーラを再び観ると、もう異常は現われてはいませんでした。念のためガイドさんに確認すると、「もう痛くない」ということでした。しかし不可解そうな顔をしていましたので、このことの説明をしました。

ガイドさんは潜在的に心臓が悪くなる原因を抱えていて、今は問題ないかもしれないが、このまま時間や年を重ねていけば必ず心臓病として肉体上に結果が現れてきます。今回その恐れが高いため、昨日一回施療をしただけですが、私が氣を送ることによって一気に内在する心臓病の元になるマイナスの氣を体の外へと押し出しました。それが、今日背中の肩甲骨の間が痛くなるというわずかな時間と現象に短縮されて何事もなく治まっていったのです。

ここで、ガイドさんからさらに質問がありました。「自分の家族や親戚には一人も心臓病を患っている者がいないのだが」ということでした。

確かに彼が疑問に思うこともっともなことですが、これは物理的な遺伝的要素としての原因にしかすぎません。ですから、逆に物理的な肉体上に何の問題も抱えていない家族の中から難病を患う者が出現してしまうことの説明がつかないことになります。物理的に理解・解釈されることだけが全ての原因であるとは限りません。一般の人たちには目で見ることができないが、この目には見えない氣というものが健康に大いに関係していて、氣が不足したり滞ったりしてしまうと病気になってしまうのです。その氣を扱うことにたけている専門家を、私たちのように氣功士と言っています。ただし、レベルはピンからキリまでさまざまになります。

ガイドさんは、「なるほど、大体分かったような気がします。しかし、ではなぜ杉本先生はかつてエジプトという地を選んで転生したのですか?」と尋ねてきました。

それに対する答えは、以下の通りです。

今から約一万二千八百年前のエジプトという地は、地球上の重要な霊的磁場でした。なぜ重要な霊的磁場だったかというと、アフリカプレートとヨーロッパプレート、アジアプレートの三つの大陸プレートが合流する場所がエジプトだったからです。このプレートとプレートの合わさる場所は、地下からエネルギーが噴出しているために、その地上で暮らす人間に変化を促すことを大いにバックアップしてくれます。今私は日本人として日本に暮らしていますが、それは、日本もアジアプレートとアメリカプレートが合わさる霊的磁場だからです。

人間は、生きるために必要な氣・エネルギーを、食物だけからではなく地球からも、もらっています。私は人々を変化・進化へと導く役目があって、私が送る氣にもその内容が込められています。私が前世ホルスであったときの肉体と、今の日本人としての肉体は全く別物です。ですから、かつての能力を回復するためにこうしてエジプトに来ました。昨日まで高熱を出して寝ていたのはそのためで、病気ではありません。ガイドさんが、肩甲骨の間が痛くなっても今は何ともないということは、私が高熱を出したことと同じで、いわばミニチュア版の経験ということになります。

ガイドさんは、「そういうわけだったのですか。では、氣功というのは占いのようなものですか？　私も見てもらうと占いはよく当たるようだが」と、再び質問してきました。

氣功は占いとは違いますが、占い＝占星術の基になっているものが、私たちが提供しているアセンションという内容とも大きく関連しています。この占星術の基になっている星座名や座標は、太陽が黄道十二宮を一巡りすることを基準としてさまざまに算出されます。黄道十二宮を太陽が一周するには二万五千七百三十六年ほどかかります。これで一つのサイクルなのですが、アセンションはこの1サイクルに一回チャンスがあります。

今は魚座の時代から水瓶座の時代へと変わる時期です。私がかつてこのエジプトの地にホルスとして転生していたのは、百八十度正反対の乙女座から獅子座の時代へと変わる時期になります。つまり、「25736年÷2＝約12800年前」という根拠になります。ですから、ホルスが利用していたピラミッドが、今から五千年ぐらい前に造られたというアカデミックな歴史学者の年代ではないことになります。今、アセンションを迎えようとしている二万五千七百三十六年に一回というサイクルからも、約五千年前では短過ぎますよね。

こうして、一万二千八百年前に私はホルスとして変化・進化を促す役割が始まって、黄道十二宮を半周する年数をかけて今に至っているのです。地球もこの太陽の動きに影響されていますし、黄道十二宮を一周する二万五千七百三十六年のそれぞれ半周が夜と昼に相当します。そして今が総仕上げの時期でもあります。この間に霊的磁場もエジプトから日本へと移動しました。

実は、隣国のイスラエルの地もこうした地球上の霊的磁場としてユダヤ教やキリスト教が生まれる基となったのです。本来は高次元から人間を変化・進化に導くためにそれぞれの教えがあったのですが、これが宗教という枠組みにとらわれて、後々の人間の指導者たちの考え方が入り混じったために、今に至る宗教間の対立になってしまいました。ですから、ユダヤ教であれ、キリスト教であれ、イスラム教であれ、仏教であっても本来は人を殺し合うことは勧めていないはずです。この根深い宗教的対立は、私が解消する役目ではなくて、次回の二万五千七百三十六年後のアセンションを迎えるときの課題として高次元の存在が私について勉強しています。おそらく、そのときにはこの中東で彼は転生して来るでしょう。

あまりにも話が壮大過ぎて、最初からは簡単に理解し難いかもしれません。なかなか日本人でも受け容れることができる人が少ないというのが現実です。しかし、一通りはこうしてガイドさんに説明しました。

彼はカイロ大学日本語学科卒業で、エリートです。さしずめ日本では東京大学英文科卒業に匹敵するのではないでしょうか。流ちょうに日本語が話せますし、漢字も相当に読めるようでした。今、エジプト全体ではイスラム教徒が多数派で、彼もその家系から何の疑問や抵抗もなく育ってきました。それほど熱心な信者ではないとのことでしたが、私たちが旅行中はラマダン（断食）の期間中でした。ですから、日の出から日没までは食べ物や飲み物は口にしませんでした。

ガイドさんは、「大体の経緯や歴史的流れは何となく分かりました。しかし、イスラムの教えでは神のことを詮索したり疑問に思ったりすることは、なかなか許されるものではありません。ですから、仮に真実を探求しようとしたり、興味がわいたりしたとしても、周りがストップをかけてしまいます。その上、たとえ本当の古代エジプトの歴史や神を調べようとしても、そのような資料は国内では見当たらないし、表には出てこないのです。こうした背景から、日本を含めて外国からの調査の方がやりやすいという事情もあって、今なお継続中なのです。私個人としては真和氣功センターの言っていることや先生たちは信じることができますし、世界のどこの国にでも通用する内容だと思います」

このガイドさんのおかげで、エジプト旅行を楽しく過ごすことができました。物静かで穏やかな性格が伝わってきます。彼は、私たちのグループは親戚同士なのかと、同行しているTさん（女性）に尋ねていたようでした。見ていて非常に仲が良く、他人同士のグループの場合はどうもそうではないことの方が多いようです。確かに、私が寝込んで皆の予定に支障をきたした場合でも、誰一人として不平不満が出ないのは、ガイドさんのガイド歴からも、身内・親戚しかなかったことだったのかもしれません。それぞれにクリアしなければならない課題はありますし、ハードルの低い内容ではありますが、意外にも外国人からは〝利他的行動〟が身に付いている不思議な他人同士として映ったようでした。

［その三］

凝縮された経験ばかりのエジプト旅行でしたが、いよいよ日本へと帰国する日になりました。カイロ空港行きのバスに乗り込む前に、それぞれの荷物を集めなければなりません。その直前に、同行者のTさん（女性）がギックリ腰になってしまいました。床にはいつくばって起き上がれないぐらいにひどい様子でした。帰国間際でのアクシデントです。早速、小塚先生に施療法を出してもらい、二人で施療しました。そのおかげか、腰に負担を掛けないようにしながら立って歩くことができるよう回復しました。何とかギリギリで間に合ったようでした。

こうして、参加者六名が無事カイロ空港まで着きました。チェックインも済ませて、関西国際空港行きの飛行機に乗る前に時間待ちの間ラウンジに行こうとしました。そこで係りの人が、「待合室の日本人女性が病気のようだが、日本語の通訳ができるか」と尋ねてきました。英語が話せるTさんもいたので、「通訳もできるが私はヒーラーだから、早速様子を見てみましょう」と係員に伝えました。

ＶＩＰルームに案内されましたが、ソファーの上で一人の女性が横になっていました。息も絶え絶えでしたが、どういう状態なのかを本人に尋ねました。胃酸過多による胃痛と横隔膜痙攣を起こしているとのことでした。それだけ言い終えると、体中に痙攣が起き始めました。非常に重篤な状態でした。とにかく急を要する事態ですから、早速氣を送り始めました。しかし、そのＶＩＰルームは冷房が効き過ぎて異常に寒いのです。これではせっかく氣を送っても回復が思わしくありません。この冷房を切るように係員に言ったのですが、これ以上は温度を上げられないということでした。

やむなく、その女性を外のラウンジに抱え出して施療を続けました。原因を小塚先生に出してもらい、次々に浄化しました。霊障もありましたし、前世や星の原因が五～六件ありました。同行者のEさん（女性）には、私たちの荷物を持ってもらっていました。空港の係りの人たちが「医者に見せた方がよいのでは。薬を飲ませた方がよいのでは」としつこく言い続けるのを、Tさんにも応戦してもらいました。

こうして飛行機の搭乗時間になりましたが、女性は起き上がれません。体中の痙攣発作は何とか治まりましたが、寝たまま目をつぶっているだけでした。カイロ空港では、介助の人が手を貸していては飛行機に乗れないようです。そこで、叩き起こして何とか搭乗はギリギリセーフの運びとなりました。

その女性はファーストクラスでしたが、私はビジネスクラスです。他の皆はエコノミークラスでしたが、女性の荷物が重いので、同行者のEさん（男性）に持ってもらっていました。あまりにも荷物は重たくて、頭上のラゲッジケースには入りません。そこでやむなく、席はいっぱい空いているのでシートベルトで空席に固定しました。

いつまた例の発作が出るか分からないので、女性の隣の席に私が座っていてもよいかと日本人スチュワーデスに尋ねました。要領を得ない返事を日本人スチュワーデスが答えているときに、上司であるエジプト人の女性パーサーがやって来ました。

その女性パーサーは「なぜ荷物をラゲッジケースに入れないのだ！」ということをしきりに何回も言っていました。そして、「なぜファーストクラスでもない私（杉本）が席に座っているのだ！」とも言っていました。それに対して、日本人スチュワーデスは事情や説明を一切せずに上司の言いなりでした。女性の細腕ではとても上には上がらない荷物の重さです。それでもパーサーは「上へあげろ！」の一点張りです。そのやり取りを見かねたEさん（男性）が、荷物を何とかラゲッジケースへと入れようとするのですが、最初から入るようであれば既にそのようにしています。どこをどうやっても入る大きさと重さではありません。

とうとう私も堪忍袋の緒がブチ切れてしまいました。日本人スチュワーデスに対して、「なぜ、はっきりと物事の事情を説明しないのだ。隣の席で寝ている病人とその荷物であることぐらいが分からないのか。私たちは施療ができて、しかも善意でこうしてついてきているが、本来は自分たちの仕事だろう。このような緊急事態で臨機応変の対応すらできないのかね。今まで隣の女性が一体どういう状態であったか、ラウンジに問い合わせてみなさい。ギリギリやっとの思いでここまでたどり着いたというのに、もしこの女性が飛行中に再び全身痙攣の発作が起きた場合は、誰が対応できるかね。しかもファーストクラスのお客に何という応対だ。このように緊急事態であれば、たとえエコノミークラスの客であろうと君たちの誰一人として介抱できないだろう。そんなときに私が知らん顔するわけにはいかない。この通りになぜハッキリ物事の理由を言わないのだ」

そう言ったあと、エジプト人の女性パーサーには大きな荷物を指して、「YOU CAN LIFT

IT UP!」（正しい言い回しではなかったかもしれませんが）「この荷物を上げられるものならば、お前が上げてみろ！」の意で言いました。

するとパーサーは、「この日本人は何を喚いているのだ？」という始末でした。事そこに至っても、日本人スチュワーデスは正しく英語で伝えようとはしません。全く情けない話です。

日本語と英語が話せるスチュワーデスが間にいながら、全く役に立ちません。この騒動から、とうとう警察官までやってきました。まるで私が傍若無人な振る舞いでもしている悪者扱いです。その後、日本人スチュワーデスからはどのような説明と理解がなされたのかも、一切ありませんでした。

私は、「このような失礼な応対では君らの仕事は失格だ。病気の日本人女性が、賠償責任問題があるとして訴えても文句は言えないよ。それどころか、日本とエジプトという国と国の問題にまでになったらどうする。臨機応変に、しかも誠意を持って対応していたらこのようなくだらないことにはなっていなかったはずだ」と言いました。

すると日本人スチュワーデスは、「何分、私たちは下っ端で、上司の言いつけ通りに従わなければなりません。問題があるとすれば私たちの航空会社にありますから、そのような意見書を書いてください」と言って、紙切れ一枚を持って来ました。一応は事のあらましを書いて渡しましたが、その後何の音沙汰もありません。「一体何が楽しくて生きているのだ？」と思える人たちでした。

そうこうしている間に、関西国際空港へと着きました。フライト中十三時間の間、ずっと寝ていた病気の日本人女性もすっかり別人のように元気溌剌として、シャキッとしていました。カイロ空港から機内に至るまでいろいろなゴタゴタがありましたが、当の本人が回復して何よりの出来事でした。

しかし私の場合、日本に無事着いてからもまだその後の変調がやってきたのでした。

［その四］

十月二十九日（土）、エジプトのカイロ空港から関西国際空港へと参加者六名全員が無事着きました。皆で一週間ぶりの日本食、蕎麦を昼食として取りました。そしてそれぞれの家路に向けて解散しました。

私もわが家へと着き、旅行の持ち物をあれこれと片付けていました。一週間も留守をしていたのでさぞやメールもたまっていることだろうと、パソコンを開けてびっくり玉手箱！　何と、たった六件しか入っていなかったのです。ＭＬ（真和氣功センターにお世話になっているメンバーが参加しているメーリングリスト）は、普段でも一日六〜八件ぐらいは入っています。私たちが留守をしていた一週間、今までの一日相当分しか投稿がありませんでした。エジプトでは散々時間の流れのユルさ・遅さを経験してきましたが、この素早い日本の時間の流れの中にいてもユルい人々は皆同じであることも痛切に思い知らされました。

アセンションでは個々の内容がふさわしいかどうかが問われているわけですから、私たちのそばにいる・いないとは全く無関係で、時空が選別を図ります。ピラミッド内部で幽体離脱をしながら高次元の世界へと旅立つ試験を受ける者が、傍らにナビゲーター役の指導者やホルス（私）が見守っているのにもかかわらず、自らの恐怖心や感情・思いで目的地である高次元の世界に行き着く前に低レベルの世界へと逸脱してしまう場面・事柄とダブってしまいます。両者の共通項は、指導者の言うことを『聴き容れない・受け容れない』で、自分（自我）の思い・感情・考えを優先させてしまう点にあります。その結果は身に付いていないので、自らのふさわしい波動（意識）レベルの世界へとたどり着くこととなるのです（この件もロバート・モンローが幽体離脱をしてあの世を旅した経験・出来事と全く同様の経緯となります）。

今現在はたとえ同じ空間を共有して生活していても、同じではない違う次元・時間枠へとシフト（すみ分け）がなされていくのでしょうか。私から見れば奇妙なズレとして違和感を覚えますが、恐らくユルい人々にとっては何も違和感なくやり過ごしてしまうのでしょう。

私どものホームページの管理人さんよりメールマガジンの原稿が送られていましたので、一通り目を通しておきました。そうこうしているうちに午前零時ぐらいになってきたのですが、次第に頭が痛くなってきたので、疲れたせいかなと思いながら床に就きました。母親いわく、「顔は浮腫んでいるし、まるで黄疸にでもなったかのように黄色い顔色だった」というぐらいに、私の様子がまたもや異常であったようです。

夜通しガンガン・ズキズキと頭が割れるような痛みが続きました。なかなか寝付かれないのと耐えがたい痛みのせいで、布団の上でグルグルと七転八倒していました。時たまトイレに起きては用を足すのですが、目を開けているとトイレにいる現実が実感できます。しかし、ちょっとでも目をつぶると全く違う場面とストーリーが展開するのでした。寝ているわけではないので、夢を見ているのとは全く違います。自分でも変だと思いながら、目を開けるとトイレにいます。しかし、また目をつぶれば途端に違う場面とストーリーが始まるのです。それは、テレビのチャンネルを切り替えるように目の開閉の途端にスイッチが入るような感じでした。ただでさえ頭痛のために気持ち悪くなっているところへ、今いる現実以外の別の映像までもが乱入してきたのです。トイレから出て来て再び布団に入っても同じことでした。寝ているのか醒めているのか、夢を見ているのか幻覚にさいなまれているのか、そのあたりがまるで分からなくなってきました。

そのあと、頭痛も治まりようやく寝入ることができました。そこで、目が醒めたのがあくる日曜日（十月三十日）の夕方六時ごろでした。緩やかにスムーズに変化や変身が起きる場合もありますが、この一週間の出来事はあまりにもボリュームたっぷりで、凝縮されていました。

こうして、十一月一日（火）の休み明けの真和氣功センターでの施療日となったのです。

旅行中一緒だったHさん（男性）が来院されましたので、問題のある個所を霊視しました。

今までとは違う見たこともない奇妙な映像として見えてきました。例えて言えば、CTスキャンのようでもあり、コンピュータグラフィックスみたいな感じで、しかも自在にズームイン・アウト、パン、内側から外側へと意識の焦点を向けたい角度や方向から眺めることができました。その結果、三カ所のマイナスとつながる場所が特定されて、その旨をHさん（男性）に伝えました。くしくもその日、会社の健康診断の結果をHさん（男性）は知らされていたのですが、そのうち共通個所が二点指摘されていたのです。もちろん、私はその経緯についてはまったく知りませんでした。私が指摘する内容は高次元のことですから、三点のうち二点が既に物理的異常として結果である形に現れていたことになります。

やはり、私の受振と発振能力がレベルアップされた模様です。

仕事に復帰してから一週間がたちました。すさまじい早さで毎日があっという間に過ぎ去ってしまいます。エジプトとここ日本では、間違いなく時間の流れが違います。相変わらずとどまっていたり、後ろ向きの考え・思いでいたりする人たちは、自らこの宇宙的動き・流れ・変化に沿わせ、リズムに乗ることを放棄してしまっています。

しらじらしい言い訳や取り繕いを、誰かが聴き容れて評価してくれるとでも勘違いしているのでしょうか。まず絶対私たちではないことを保障します。〝よしよしよくやった良い子だ〟と聴き容れて評価してくれるのは、邪神やマイナス側でしかあり得ないことが分からないほどにドップリとなじんでしまったとでもいうのでしょうか。

エジプト旅行・後記

［その一］

カイロ空港から関西国際空港へと向かう機内から眺めた夜空には、くっきりとオリオン座が光っていました。ロバート・ボーヴァルの「オリオンミステリー」を始めとして、ギザの三大ピラミッドがオリオン座と関連があるとして取り沙汰されています。しかし、オリオンとの関連をつなげる証拠はあまりにも乏し過ぎます。

旅行中、皆とイシス神殿での光と音のショーを見ましたが、私は実際ショーそのものにはそれほど興味を抱きませんでした。野外ステージは、かつてローマ時代の劇場はかくありきといった風情でした。それよりも私が一番注目していたのは、そこから見える夜空の星々でした。

今は火星が大接近していて、南東の方角に赤く明るく見えます。西の空では金星がいつもと変わりなく明るく輝いています。北天には見慣れた北斗七星（大熊座の一部）がありました。私がホルスとしてエジプトに下生した際には、おそらくこの大熊座からやって来たものと思われます。

ピラミッドテキストの中の一節だったと思いますが、セトと戦い勝利を収めた後、ホルスの四名の息子たち（従う者という語訳もあります）に〝セトを出身地である大熊座に閉じ込めて、ホルスの四名の息子たちに監視をさせた…〟という件があります。原文は読めませんが、ホルスが大熊座出身であるとは述べられていません。

(一) セトは大熊座が出身地であったのか、

(二) セトを(ホルスの)出身地である大熊座に閉じ込めたのか、

という二つの解釈ができてしまいます。

セトに関しては、大熊座出身というよりもシリウスの爬虫類人種系であることの方が妥当ではないかと思われます。一般的に戦勝者は負けた相手を捕虜として、監視の行き届く自分たちの領土へ連れていきます。そこで、やはり(二)がスムーズな解釈として成り立つのではないでしょうか。

旅行後、真和氣功センターで、同行者のEさん(男性)から「図説古代エジプト文字手帳」という本をプレゼントされました。その中で、〝自然と風土〟という章の〝ノモス(州)〟という項で面白いものを見つけました。ピラミッドのあるギザを含めた南西デルタ先端地域の州名(ノモス)を〝大熊座の前足〟と言っています。さらに、その州の守護神はレトポリスのホルスになっています。ホルスを守護神とする地域は多いのですが、注目はこの〝大熊座の前足〟という名称がなぜつけられたか、ということになります。

恐らくはナイル川上流(大熊座の尻尾の部分)と地中海へと下流が枝分かれした中洲部分(大熊座の頭と脚部)を、天空の大熊座と相似形に見立てての表現だと思われます。なるほど、地図を眺めればそのようにも見えてきます。しかし、これは地球上空から眺めたり俯瞰した精密な地図と照らし合わせたりするからできることであって、地上の人間の視点や視界からは想像だにできないことです。いずれにせよ、古代のエジプトでは詳しい天文学や地理学が発達していたことになります。そして、大熊座は重要な星座に位置付けられていたことがうかがい知れます。

ここでいまひとつ疑問がわくのですが、どなたか答えていただけないでしょうか？〝大熊座〟という名称についてですが、〝熊〟と呼ぶには尻尾の部分が長過ぎませんか？現代の熊はウサギの尻尾よりも貧弱なものしかついていません。はるか古代では熊の尻尾はレッサーパンダのように長かったのか、それとも他の星の宇宙熊なのか、とにかく現代の熊とは随分カタチ（特に尻尾）が違います。ちなみに、北極星を含む小熊座も尻尾が今と違って長いのです。この名称は不可解です。

［その二］

エジプト旅行を終えて、そのときの写真が出来上がってきました。ギザの第三ピラミッド（通称メンカウラーのピラミッド）の上下の入り口あたりに向けて、高次元の光（氣）が二カ所写り込んでいました。写真①は、十月二十三日にＡＳＡ４００、35ミリ判フィルム写真で撮ったものです。

写真①

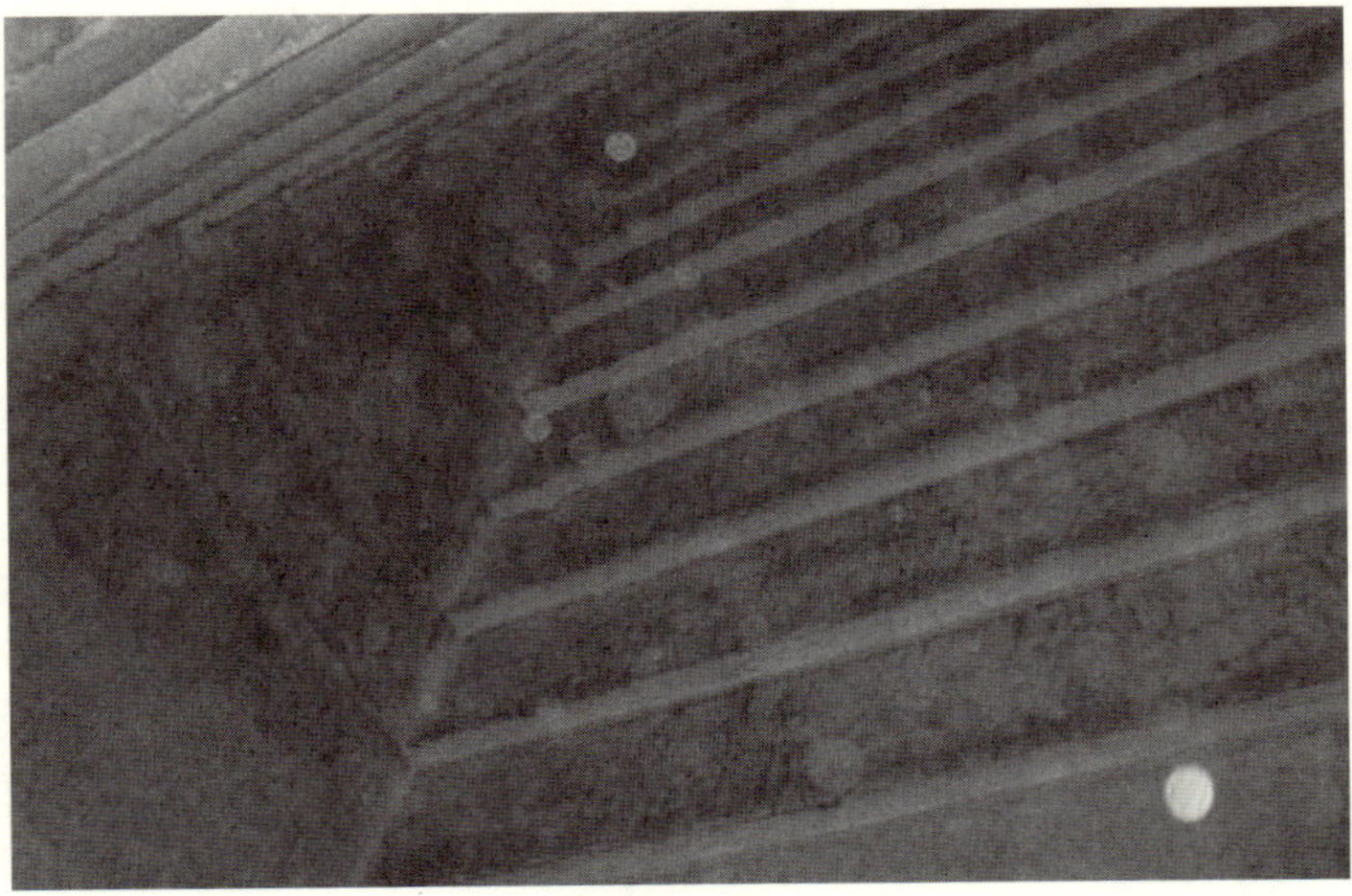

写真②

そのほかにも、十月二十三日にデジカメで撮った写真②で、ダハシュールの赤のピラミッド内部には夥《おびただ》しいオーブ（球形の霊体）が写り込んでいました（唯一ピラミッド内部の写真撮影が可能でした）。

このオーブの内容ですが、後々の人王たちがピラミッド建築を真似て自分たちも造ろうとしたとき、事故で亡くなった労働者たちの霊がほとんどのようです。中には、幽体離脱をして高次元の世界へと旅立つつもりが、途中の低レベルの霊層界へとドロップアウトした霊たちも混じっているようです。

ピラミッドは、通説としては墓ということになっていますが、もちろん違います。しかし、こうしてオーブ（霊たち）が寄り集まってくるには何か意味や目的がありそうです。

恐らくは、墓としての場所という思い込みのイメージが生前に刷り込まれていたのか、あるいは、とにかくこのピラミッド内部にくれば高次元の世界へと向かうことができるのではないかという思いからでしょうか。しかし、こうしてまだこの場所にいついているということは、浄化されていないことになります。

しかし、一万年近く自縛霊化してはいるものの、居心地は良さそうなのです。何せ、同じ思いのお仲間たちが周りにはいっぱいいるからです。

その他、古い神殿やイスラム教のモスクにもオーブは写り込んでいました。意味があるとされている場所に、まだ執着が残っているのでしょうか。進化や変化を拒み、自分の思い、場所やモノなどにとらわれている姿は、生きていても死んでからもそれほど変わりがないことを痛切に思い知らされました。

従来のフィルム写真では、螺旋状に動く氣や高次元の存在が写り込むことがありました。しかしデジタルカメラになってからは、まだこうした形状のものは撮れたことがありません。フィルムの場合はオーブ（球形の霊体）状のものは少なかったのですが、デジタルになってからは逆にオーブ状の形が増えたように思います。アナログとデジタルの違いか、銀塩フィルムか画素の違いによるものかは分かりませんが、いずれにせよ、肉眼では見えていないものが写真では写り込んでいることがあります。

人間の三次元上の五感である可視領域や可聴領域を中心として、私たちは見える・見えないとか、聞こえる・聞こえないから存在する・しないという判断を下してしまいます。しかし、同じ生き物でもミツバチや蛇・象・イルカ・コウモリなどは、人間には見えない・聞こえない領域までも感じ取ることが当たり前のこととして過ごしています。つまり、私たちには存在しないと思っているモノまで正しく受け取っている場合があります。

本来、人間はこの三次元上の五感のみならず、誰でもが高次元の体を持ち合わせているわけですから、それに伴ってそれぞれの高次元の感覚自体も持ち合わせていることになります。しかしこの高次元の感覚そのものも、使う人の意識次第で狂いやズレも生じてきます。その狂いやズレという思い込みから、古い神殿や場所、モノに一万年近く自縛霊と化したオーブたちが寄り集まっているのです。

一言で『意識を正す』と簡単に表現はできますが、厳しい訓練を積んだはずの高次元へと向かう幽体離脱の実習生が、途中の低い霊層界へとドロップアウトしていくさまは、軽々しく口で言えるほど生易しいものではないことを物語っています。同様に『とらわれや、思い込みをなくす』と簡単に表現したところで、〝意識が正されて〟いないうちは、何が〝とらわれ・思い込み〟なのかも自分自身で判別がつかないことにもなります。

エジプト旅行に付随して

今日は、エジプト旅行後の最初の施療日です。

Sさんご夫婦が来院されました。まだ三～四回目ぐらいの外氣功のみを受けられている方々です。感想を奥さんに伺いました。

「まずカァーッと体全体が火照るぐらいになって、真っ赤な光に包まれました。そして終わりかけのあたりから綺麗な青色に全体が染まりました。一体これはどういうことでしょうか?」と、視覚的に受け取られたようでした。

エジプト旅行中から強烈な赤色が出るようになったことは、前述のエジプト旅行記［その一］で述べた通りです。しかし、Sさんご夫婦にはこのような経緯は一切話していませんでした。

さらにさかのぼって、〝太極図〟についての件（二五〇頁）で私の魂の色・形・性質を述べていましたが、このこともML（真和氣功センターにお世話になっているメンバーが参加しているメーリングリスト）には参加していませんので、知る由がありません。

私＝ホルスは、火（赤）と風（青）の要素を色濃く本質（魂）に持ち合わせています。Sさんご夫婦は、真和氣功センターに通う皆さんとは違って、知識・理屈・言葉・文字・経験の蓄積がありません。

蓄積が皆無に等しいにもかかわらず、いともあっさりと私の送る氣の本質・性質をズバリと受け取って（共振・共鳴して）いるようです。今までこんなにも単純明快に素直な受け取り方をした人がいたでしょうか。

あまりにも拍子抜けするぐらいのダイレクトな感覚に、この私でさえ説明・解釈を言葉にするタイミングを逸してしまうほどでした。

保身・欺瞞・恐怖・支配・服従などは、私が標榜する内容と相反する要素です。私はもともとあまり人間が好きではありません。なぜならば、

（一）平気で嘘をつき、

（二）可能性を追求しようとしない、からです。

今、前世私がホルスであったときの記憶や能力が、パズルを解くかのごとく甦りつつあります。この私に共振・共鳴しない、つまり正反対の考え方の対立者がセトということになります。彼はピラミッド型の支配構造の信望者なのでした。支配者の立場であるセトにとっては、被支

配者である人間が（一）、（二）であることが真理・真実から目を背けさせて進化を遅らせることになり、それは支配者にとっては人間を奴隷化するには好都合であったのです。

しかし、セトもかつてはコムオンボ付近では根強く信仰されていたようです。コムオンボでは、ワニが神聖な動物とされています。そこで、セトの頭もワニの姿として象徴される場合が多々あります。セトはオシリスの弟とされていますが、オシリスとは〝シリウスのために〟という意味になるようです。実際の血縁関係での弟かどうかは定かではありませんが、以上の件からセトはシリウスの爬虫類人種系との推測がなされます。また、セトは水（白）と地（黒）の要素で、ホルス（私）は火（赤）と風（青）ですから、まるで正反対の性質・性格であることが読み取れます。

このセトとホルス（私）が、考え方の相違から戦いになりました。壮絶な争いの後にホルス（私）が勝ちを収めました。そしてエジプト全土を平定し、治めることとなりました。数々のエジプトの神々の中で、イシスから生まれた幼児のホルス、青年期のホルス、壮年期のホルス、老年期のホルスなど、これほどさまざまな時期・形態で信仰されている神は、ほかには類を見ません。つまりは、それほど親しみを持って信頼・信仰されていた証ともいえます。

こんな皮肉はありません。人間嫌いのこの私が、人々から篤く信頼・信仰されていたとは！確かに、Sさんご夫婦も前世ではホルスの部下であったとか…。ホルスの部下である・なしにかかわらず、実際このような人たちばかりであれば、妙に片意地張らずに平和で楽しく暮らせます（私が人間嫌いになったのは、その後の経緯によるからかもしれません）。

多くの人たちは、私よりもセトとの共振・共鳴する要素が多いのではないでしょうか？　セト、ニビル・シリウス・プレアデスのマイナス、邪神は、お互いに利害の一致から同盟を結んでいます。つまりは、地球のアセンションの阻止という目的があるからです。ウイングメーカーの言うアニムスにもつながります。アニムスがそれぞれ人間の抱えている意識の内奥のマイナス部分を指すのか、それとも邪神や宇宙人・霊のことなのかはともかくとして、実際に多くの人たちがアニムスのとりことなって（共振・共鳴して）いることが、この私には手に取るように分かることなのです。

実際、この現状の地球からアセンション可能な人間の候補とは、わずか一～三％とも予測がなされています。真和氣功センターに来る人たちの百人のうち、せいぜい一人か二人しか真に共振・共鳴しないという数字と大差はありません。見当違いの意識の向け方を百八十度変えなければ、皆奴隷に成り下がる未来しか待ち受けていません。

◆おわりに

真和氣功センター　杉本眞人
小塚厚子

真和氣功センターでは、氣功療法を通して奇跡的回復が起きることが度々あります。本書ではそのような事例は割愛させていただきましたが、詳しくはホームページをご覧ください。

中には遠隔療法のみで、直接私たちが施療した場合と全く変わらない効果が出る方もいらっしゃいます。また、効果は大人よりも子供・動物・植物の方が素早く確実に現れます。皆さんはこの事実から、一体何がそうさせるのかがお分かりになるでしょうか。

送り手である私たちの氣が受け手である相手に届くことで効果が現れます。しかし、その効果に違いが生じるのです。効果の違いとは受け手の意識状態が反映されたことに他ならないのです。無邪気な者ほどその効果が高いと実績上言えるのです。文字や言葉によってお互いに了解事項が成立する大人社会や現代の世相は果たして健全であるといえるでしょうか?

そうです。もはや上辺だけの言葉や文字をどれだけ取り繕っても真実や実体とのズレを感じない出来事はないと言える毎日になってきました。読者諸氏の中にも近ごろの殺伐とした世相や時間の流れが早くなったことに、一体なぜなんだろうとの思いを抱いている方々も少なからずいらっしゃることでしょう。ひとたび勝ち組と評価されていた会社や人たちでさえ、長続きがしないのです。

私たちの住むこの三次元界は原因である高次元の意識や思い・意図・目的が反映された結果の世界です。地球は過去に遡ること約二千年の間、魚座の波動に支配されていました。魚座の波動とは端的に言い表せば、個人の充実と自我（エゴ）の拡大を図ることです。人間はそのことに心血を注ぎ、価値あることとして皆追い求めてきたのです。しかし今、地球全体は水瓶座の波動へと変わりつつある時代です。水瓶座の波動を端的に言い表せば、精神性を高めて周りとの調和を図ることに主眼を置きます。ですから、今という時代は波動の大きな転換期に当たるのです。

こうして、今までの古い価値観に根差した考えや、ものは時間的に長続きがしないという事態が世の中では慌しく起きているのです。

即ち、創造の前の破壊という現象です。さらにもっと重要なことは、地球全体がアセンションを迎えるという内容です。アセンション後の地球には、それに相応《ふさわ》しい人しか残れません。つまり、水瓶座の波動に共振・共鳴しない人は全てアセンションがかなわないのです。

真和氣功センターは、アセンションに導くために氣功療法を通して、意識の内奥を正すことを一番の旨としています。全てに渡って宇宙の法則が適用されますが、曖昧な事柄や例外などは本来存在し得ないのです。

本書では紙面上の都合もあることですから、十分な理解と納得が得られる内容であるとは言い難いのですが、快く引き受けていただいた、たま出版には感謝に堪えません。同じく、こうして本という形になるに至ったのは、編者でもある世古雄紀さんの多大なおかげでもあります。

本来は、高次元にある内容をこのように文字化する行為は、多面体や多面性のある物事を一つ一つの側面やケースとして書き表すことと似通っています。ですから、物事は自分をも含めて様々な角度や視点から眺めて観なければ、真相は容易《たやす》く見つかるものではないのです。基本中の基本としては、まず相手の立場になって考えたり行動ができなければなりません。高度な事柄を受け取る人の低いレベルまで引き下げてしまうことは、私たちの本意ではありませんし、またそのようにレベルの低い人であるならば、アセンションそのものの条件には当てはまりません。したがって、本書は、この本を読まれて共振・共鳴される方を対象とした内容になっています。奥深い内容を、今後の意識や精神を正す氣付け薬としてでも受け取っていただけるならば幸いです。

☆監修者プロフィール

杉本　眞人（すぎもと　まひと）

（一九五三年大阪府生まれ　名古屋市在住）
氣功士・洋画家
愛知県立芸術大学卒業
真和氣功センターを開院
IFAM（国際第三医学連盟）会員／社団法人日本厚生協会会員／日本サイ科学会会員
特定非営利活動法人日本ホリスティック医学協会会員
◆幼少期よりオーラが見えヒーリング能力あり。光・色に興味を持ち洋画家を目指す。
◆真和氣功センターでの氣功施療のほか、遠隔療法、氣功療法家の指導、絵画の制作等を行う。

小塚　厚子（こづか　あつこ）

（一九四八年鹿児島県生まれ　名古屋市在住）
高次元とのチャネラー・氣功士
◆氣功療法に携わる中でチャネリング（高次元との通信）能力を得る。

○真和氣功センター
　名古屋市瑞穂区柳ヶ枝町2―62
　メゾンドオクムラ3B
　TEL／FAX：052―881―5548
○真和氣功センターを紹介しているサイト
　http://homepage2.nifty.com/syn-wa/

高次元が導くアセンションへの道～真の癒しへ向かう氣功療法

2007年4月16日　初版第1刷発行
2008年3月17日　初版第2刷発行

監修者　杉本眞人・小塚厚子
編　者　世古雄紀
発行者　韮澤潤一郎
発行所　株式会社たま出版
〒160-0004　東京都新宿区四谷4－28－20
☎03-5369-3051（代表）
http://tamabook.com
振替　00130-5-94804

印刷所　図書印刷株式会社

ISBN978-4-8127-0227-7 C0011